MYA SPALTER
Witchcraft

GOLDMANN
Lesen erleben

MYA SPALTER

# WITCH CRAFT

## Das Hexen-Handbuch für ein magisches Leben

Aus dem amerikanischen Englisch
von Andrea Panster

GOLDMANN

Die amerikanische Originalausgabe erschien 2018
unter dem Titel »Enchantments« bei Lenny, einem Imprint von Random House,
a division of Penguin Random House LLC in New York, USA.

Penguin Random House Verlagsgruppe FSC® N001967

4. Auflage
Deutsche Erstausgabe Dezember 2019
© 2019 Wilhelm Goldmann Verlag, München,
in der Penguin Random House Verlagsgruppe GmbH,
Neumarkter Str. 28, 81673 München
Originalausgabe: © 2018 by Mya Spalter
This translation published by arrangement with Lenny, an imprint
of Random House, a division of Penguin Random House LLC
Umschlaggestaltung: UNO Werbeagentur GmbH, München
Umschlagmotiv: © FinePic®, München
Illustrationen: Caroline Paquita
Foto Autorin Klappe hinten: Mel Barlow Photography
Lektorat: Mareike Fallwickl, Salzburg
JG · Herstellung: cb
Satz: Satzwerk Huber, Germering
Druck und Bindung: CPI Books GmbH, Leck
Printed in the Czech Republic
ISBN 978-3-442-22271-1

www.goldmann-verlag.de

Besuchen Sie den Goldmann Verlag im Netz

*Für die Mondin*

# Inhalt

Einführung 9

TEIL EINS: Das Handwerkszeug der Hexen 15

KAPITEL 1: Altäre
*Hier spielt die Magie* 17

KAPITEL 2: Farben
*Rogg Biv DeVoe* 33

KAPITEL 3: Kerzen
*Wachswerk* 61

KAPITEL 4: Pflanzen und Mineralien
*Reden wir über Kräuter* 83

KAPITEL 5: Planeten
*Wandelsterne* 99

## · Inhalt ·

KAPITEL 6: Der Kalender
*Der Jahreskreis*  113

KAPITEL 7: Magisches Miteinander
*Hexenfreundschaften*  133

· · · · · · · · · · · · · · ·

**TEIL ZWEI: Magische Absichten  145**

KAPITEL 8: Auflösen, schützen, bannen
*Gute Haushaltsführung*  147

KAPITEL 9: Die Magie der Anziehung
*Wenn's um die Liebe geht, sind alle ein wenig bescheuert*  169

KAPITEL 10: Geldzauber
*Stapelweise Scheine*  183

KAPITEL 11: Divination
*Spielarten der Mantik*  195

KAPITEL 12: Astrologie
*Das komplette Sonnensystem*  215

Und zum Schluss  237

Dank  239

# Einführung

*In der ich mich vorstelle und erzähle, wie ich zu dem Job bei Enchantments kam, dem ältesten Hexenladen von New York City.*

Ich war neunzehn Jahre alt und hatte eine Glatze. Ich konnte meine BHs nicht finden. Ich war im zweiten Studienjahr und brauchte Arbeit. Die zwanzig Dollar, die ich von meiner Mutter in der Woche bekam, reichten gerade mal für französische Zigaretten, Croissants und Ambitionen. Im Jahr 2000 konnte man sich Zigaretten und Ambitionen noch leisten. Ich wohnte 31 Union Square West. Das hört sich vornehm an, aber meine Mitbewohnerinnen und ich ließen die Wohnung verkommen. Wir rauchten Kette und warfen mit Messern auf die Wände. Bei schönem Wetter lagen wir auf den alten Fenstersimsen aus Kalkstein und vertrauten darauf, dass uns das Vordach des Restaurants im Erdgeschoß schon auffangen würde, falls wir runterfallen sollten.

Ich hatte eine Glatze, weil ich damals (a) viel Ani DiFranco hörte. Also richtig viel. So viel, dass sich die Menschen, die mich gern hatten, Sorgen machten. Außerdem hatte (b) meine Ex gesagt, ich solle endlich aufhören zu sagen, ich würde mir den Kopf rasieren, weil ich es ohnehin nie tun würde und sie es hasse, wenn Leute von Dingen reden, die sie niemals tun. Ich hatte echt keine Wahl. Die Jazzjungs im Stockwerk über uns hatten einen Haarschneider, damit war die Sache klar. Soll heißen, meine Haare lagen kurz darauf in unserer Kochnische auf dem Teppich, um später in eine Plastiktüte gekehrt und zur Aufbewahrung in die Hülle eines CD-Sets der Smashing Pumpkins gesteckt zu werden. Jetzt weißt du alles Wichtige über meine Jugend und wie ich damals so drauf war.

Heute erkenne ich in der Kahlköpfigkeit einen besonderen Sinn. Die meisten geistlichen Orden verlangen von ihren Novizinnen und Novizen, sich eine Art Tonsur schneiden zu lassen. Ein rasierter Kopf ist eine klare Zäsur. Was vorher war, ist vorbei, und in diesem Moment der Abgrenzung von der Vergangenheit kann die Zukunft beginnen.

Als ich auf der Highschool war, lungerte ich an den meisten Wochenenden trübsinnig im East Village herum. Deshalb war ich überrascht, dass ich den Laden nicht kannte, als ich an jenem Tag hineinschaute. Ich war auf Jobsuche und hatte schon den ganzen Nachmittag meinen kahlen Kopf in alle Geschäfte gesteckt, die geöffnet hatten.

Schließlich stand ich vor einem schäbigen kleinen Schaufenster, vor dem als Ladenschild eine ramponierte Blechmondsichel hing. Ich trat durch die Tür in Schwaden von Rauch. Sie stiegen aus einem kleinen Hexenkessel auf, den eine Dame mittleren Alters in der Hand hielt. Sie hatte eine Frisur wie Peppermint Patty. Über einem Rollkragenpulli trug sie ein Sweatshirt, das mit einem Wolf bedruckt war, der den Mond anheulte. Ein klassischer Look. Ich fragte, ob sie Hilfe im Laden brauchen könne, und sie erwiderte: »Keine Ahnung, was du machst, Schwester, aber es funktioniert! Du bist engagiert!« So sollte es wohl sein.

In den folgenden Jahren arbeitete ich im ältesten Hexenladen von New York City. Ich füllte Öle ab und präparierte Kerzen. Damals ging es bei der Arbeit eher geruhsam zu. Das ganze Viertel hatte einen anderen Charakter. Die meisten Ladenbesucher wussten, was sie wollten. Sie hatten eine Liste mit Kräutern oder kauften Woche für Woche einen bestimmten Gegenstand. Diese Menschen pflegten Altäre zu Ehren ihrer Gottheiten. Oder ihr Auskommen wurde von der Gunst launischer Mächte bestimmt wie bei den Prostituierten und Tänzerinnen. Sie verdienten ihren Lebensunterhalt mit den Zaubern, die Kunden anlockten und sie ermunterten, es Geld regnen zu lassen.

Mehr als fünfzehn Jahre später arbeite ich wieder bei Enchantments, und die Geschäfte gehen besser denn je. Heute brauchen die Leute seltener materielle Dinge oder Zauber, die mit Sexarbeit zu tun haben. Wie du vielleicht weißt, ist das East Village inzwischen supertrendy. Heute kostet ein Kaffee über einen Dollar mehr als eine U-Bahn-Fahrkarte. Das hätte nicht passieren dürfen. Immer öfter kommen junge Leute in den Laden, die höchst interessiert sind und unbedingt eine Wunschkerze kaufen möchten, aber nicht den blassesten Schimmer haben, was sie damit erreichen wollen. Das macht mir Sorgen. Ich meine, woher weiß man, dass man eine Kerze braucht, wenn man noch nicht mal weiß, was man damit anfangen will? Bei Enchantments gibt es Kerzen, Öle, Kräuter und Räucherwerk für nahezu jeden Zweck. Ganz gleich, ob man abnehmen oder, keine Ahnung, einem verstorbenen Haustier eine Botschaft der Liebe senden möchte. Grenzen setzen nur die eigene Vernunft und

Fantasie – zwei Eigenschaften, die offenbar häufig Mangelware sind.

Doch statt mich zu beklagen, habe ich beschlossen, ein Handbuch für die Leute zu schreiben, die im Laden auf den glitzernden und duftenden Krimskrams deuten und fragen: »Und was macht man damit?« Dieses Buch ist meine Antwort. Es fasst alles über die verschiedenen Spielarten der modernen Hexenkunst zusammen. Am meisten würdest du natürlich lernen, indem du den ganzen Tag bei uns im Laden abhängst und uns Hexen dabei zusiehst, wie wir herumkichern, uns mit Holzlöffeln schlagen und einander kluge Kommentare über moderne Magie und Hexerei zuwerfen. Aber wer hat dazu schon die Möglichkeit? Außerdem ist viel los, und der Laden ist klein. Deshalb ist dies ein dickes Buch. Darin ist genügend Platz für alle!

Warum solltest du dich überhaupt für die Hexenkunst interessieren? Vielleicht, weil es dabei vor allem darum geht, innere Stärke zu entwickeln, Kraft aus verschiedenen Quellen – aus der Fülle uralter und lebendiger Traditionen, von den eigenen Ahnen, aus der Erde selbst – zu schöpfen und zu nutzen, um unser zerbrochenes Selbst und unsere zersplitterte Kultur zu heilen, Wachstum zu fördern und Leben zu hegen. Diese Dinge sprechen uns heute noch genauso an wie eh und je. Noch nie waren so wenige junge Menschen in Religionen engagiert – doch das angeborene menschliche Bedürfnis nach Ritualen und Verbundenheit bleibt. Der blanke Horror der aktuellen Situation in den Vereinigten Staaten zeigt es sogar noch deutlicher. In einer Zeit, in der die Rechte von Frauen und Menschen, die nicht den gängigen Geschlechterstereotypen entsprechen, vermehrt den ständigen Angriffen mächtiger Institutionen ausgesetzt sind, ist eine nicht hierarchische Spiritualität, in deren Mittelpunkt die Göttin steht, sehr anziehend. Wir leben in einer Zeit, in der es immer mehr

Menschen immer stärker nach einer Praxis verlangt, die einen Weg zu Sinn, Frieden und Selbstbeherrschung eröffnen kann.

Meiner Ansicht nach geht es in der Hexenkunst im Kern darum, Zugang zur eigenen Intuition zu finden. Wer von der Intuition geleitet wird, kommt um die Magie nicht herum. In allen Sprachen gibt es Wörter für die verblüffende Fähigkeit mancher Menschen, ihre Wünsche Wirklichkeit werden zu lassen. Ich finde es hilfreich, hier den Begriff »Selbstbeherrschung« zu verwenden – sowohl wegen seiner allgemein anerkannten Bedeutung (dass man seine ganze Kraft einsetzt, sich nicht von den Meinungen anderer beeinflussen lässt) als auch wegen des Bedeutungselements der Beherrschung im Sinne von »Besessenheit« (dass ein Geist ganz von einem Besitz ergriffen hat). In diesem Fall ist es dein eigener Geist. Er nimmt Besitz von dir. Du spukst in deiner eigenen Hütte.

Wir werden uns gleich ausführlicher darüber unterhalten. Lass mich dir erst noch erklären, wie weit mein Hexenwissen reicht. Ich verfüge über weniger praktische Kenntnisse der Hexenkunst als viele meiner Kolleginnen und Kollegen bei Enchantments. Aber das Zauberhafte daran ist, dass ich gar keine Expertin sein muss, um anderen zu zeigen, wie man mit dem, was man gerade zur Hand hat, eine eigene Praxis aufbaut. Ich improvisiere schon mein Leben lang. Ich habe mit magischer Hilfe meine wahre Liebe gefunden, von meiner zauberhaften und trotzdem erschwinglichen Wohnung in Brooklyn ganz zu schweigen. Und wenn du dieses Buch liest, entwickelt sich auch der Zauber, der mir helfen soll, meine Karriere als Autorin in Schwung zu bringen, ganz prächtig.

Dieses Buch zeigt dir eine magische Sicht auf das Leben und nimmt dich mit auf einen Rundgang durch eine wunderliche Welt, mit der ich bestens vertraut bin. Ich betrachte Enchantments als einen Mikrokosmos innerhalb des größeren magischen Ökosystems. Als einen Ort, an dem Hexen, Heiden und Polytheisten jeder Couleur ihre Sieben-Tage-Kerzen und andere Devotionalien kaufen. Im ersten Teil des Buches präsentiere ich das Handwerkszeug der Hexen und erkläre dir, was du damit anfangen kannst. Im zweiten Teil sehen wir uns an, wie du diese Elemente kombinieren kannst, damit sie deine magischen Pläne unterstützen.

Mit dem Wörtchen »magisch« meine ich eine bestimmte Einstellung: Ein magischer Mensch geht davon aus, dass man die materiellen Lebensumstände beeinflussen kann, indem man sich ein Ziel setzt oder eine Absicht erklärt, diese Absicht in ein Ritual verpackt, die Erfüllung des Wunsches visualisiert – und geschehen lässt. Wir durchlaufen ständig solche Prozesse im Leben. Die unsichtbaren Impulse, die das Gehirn an unsere Körperteile sendet, sind eine Manifestation dieses Prinzips. Wenn unser Körper gesund ist und wir eine Bewegung machen möchten, wird sie auf magische/elektrische/mechanische Weise vom entsprechenden Körperteil ausgeführt. Ein leises, geheimnisvolles Simsalabim ... irgendwo springt unbemerkt ein Funke über ... und mit einem Mal ... sieh nur ... wackeln meine Zehen! Genau, wie ich es will! Dass ich weiß, wie es funktioniert, schmälert das Wunder in keiner Weise. Wir Hexen machen es nicht anders: Wir halten Ausschau nach der Magie, nach dem Göttlichen in allen Dingen. Vor allem aber erlauben wir uns, sie auch im vermeintlich Banalen zu finden. Wahrscheinlich nutzt du die grundlegenden magischen Werkzeuge und Techniken bereits in deinem Alltag. Wenn du es mit Absicht tust, dürftest du noch mehr Spaß dabei haben. Also los, amüsieren wir uns!

# TEIL EINS

# Das Handwerkszeug
# der Hexen

. . . . . . . . . . . .

# KAPITEL 1

# Hier spielt die Magie, oder: Altäre

D a wir uns jetzt schon ein bisschen kennen, werde ich dir meine Altäre zeigen. Ein Altar ist ein Bereich in deiner Wohnung, der deinem spirituellen Leben gewidmet ist. Er kann ein Arbeitsplatz zum Schmieden deiner Zauber oder ein kleiner Tempel zu Ehren einer Gottheit, einer Heiligen, eines Vorhabens oder einer Vorstellung sein. Entscheidend ist, dass dein Altar ausschließlich diesem Zweck vorbehalten ist. Wer Hexenkunst praktiziert oder mehrere Götter verehrt, hat meist mindestens einen Altar zu Hause. Aber auch Menschen ohne spirituelle Neigungen können sich mit der Vorstellung anfreunden, dass ein Altar den Frieden und das Gleichgewicht im Leben symbolisiert. Er spiegelt deine Sehnsüchte.

Falls du noch keinen Altar hast, solltest du dir eine freie Fläche suchen, die du mit Gegenständen füllen kannst, die spirituelle Bedeutung für dich haben: Fotos von geliebten verstorbenen Menschen, Pflanzen, Postkarten, Bilder, Kristalle, Spiegel, Perlen und Schmuck, Blumen, Muscheln, Steine und andere Dinge von

. . . . . . . .

sentimentalem Wert. Nur keine Hemmungen! Ich wünschte, ich könnte vorbeikommen und dir dabei helfen. Das ist der Teil, den ich am liebsten mag. Ich träume sogar davon, ein Unternehmen namens »Spalters Altäre« zu gründen. Ich würde die Leute zu Hause besuchen und ihnen helfen, Altäre mit Dingen zu errichten, die sie daheim haben oder die wir auf einem Hinterhofflohmarkt oder im Ramschladen finden könnten. Eines der magischen Prinzipien, die ich am meisten schätze, ist die Vorstellung, dass man bereits von allen Dingen umgeben ist, die man braucht. Man muss nur pfiffig genug sein, sie zu erkennen.

Die Sachen, die du für deinen Altar gesammelt hast, sind nun Ritualgegenstände. Deshalb behandelst du sie mit besonderer Sorgfalt und bewahrst sie nicht mit deinen anderen Habseligkeiten auf. Mit »Ritual« meine ich eine Gewohnheit mit symbolischer Bedeutung. Wir Menschen machen aus allem ein Ritual. Jeder hat schon einmal eine ausgefallene Wimper entdeckt und sich etwas gewünscht; nach einem kleinen Liedchen die Kerzen auf dem Geburtstagskuchen ausgepustet; auf Holz geklopft oder einen Niesenden mit »Gesundheit« gesegnet. Wir lieben Rituale, weil sie einen tieferen Aspekt unseres Menschseins ansprechen. Es hat große Kraft, wenn man eine vorgeschriebene Handlung in dem Wissen ausführt, damit Teil einer Tradition zu sein. Dadurch nimmt man eine etwas weniger weltliche Geisteshaltung ein. Allerdings ist uns nicht immer klar, dass wir uns neue und eigene Rituale ausdenken und pflegen können. Dazu dürfen wir uns respektvoll bei verschiedenen Praktiken bedienen und uns aus dieser Auswahl unsere ureigene Möglichkeit zusammenbasteln, um uns verbunden zu fühlen. Dein Altar ist ein physisches Abbild dessen, wie dieser Prozess bei dir aussieht.

Es macht mir unendlich viel Spaß, meine Altäre zu errichten und zu pflegen. Neben dem Hauptaltar beherbergen all meine

Fensterbänke und Blumentöpfe magischen Krimskrams. So kann ich jederzeit einen Altar errichten, der meiner Stimmung oder meiner Absicht entspricht. Ich verwende, was ich gerade zur Hand habe: eine Feder, zwei Murmeln, einen auf eine bestimmte Seite gedrehten Würfel, angeschlagene Statuen, die ich so anordne, dass sie nicht ganz so kaputt aussehen, kleine Plastiktiere, Strandglas und Edelsteine, verwitwete Ohrringe, Windrädchen, Kleingeld, Glimmerplättchen und getrocknete Kirschblüten, goldene Haarklammern und Likörgläser. Ich habe mein Leben noch nicht durch Aufräumen verändert, wie Marie Kondo in *Magic Cleaning* vorschlägt. Das würde bei mir sowieso nicht funktionieren, denn ich liebe alle selbst gesammelten Pailletten und Tonscherben und freue mich mit jeder Faser meines Körpers daran.

Was die Gestaltung deines Altars angeht, habe ich nur ein einziges Wort der Warnung für dich: Der Brandschutz hat oberste Priorität! Mit Kerzen und Räucherwerk musst du supervorsichtig sein. Wenn du auf deinem Altar nicht gefahrlos etwas verbrennen kannst, dann mach es in einem Waschbecken oder in der Badewanne oder auf dem Herd. Steck nicht das Haus in Brand!

Da ich allein praktiziere, *ist* das Errichten des Altars oft schon das Ritual. Wenn ich die winzige, wunderschöne Welt meines Altars gestalte, ist sie bevölkert von den vielen kleinen Talismanen, die meine Absicht stärken, und erfüllt von den Dingen und Düften, die dem Gefühl entsprechen, das ich auslösen möchte. Das kann manchmal bereits ein Zauber sein.

Vor diesem Hintergrund wollen wir uns die in der Wicca-Liturgie empfohlene Altargestaltung ansehen, damit auch wirklich an alles gedacht ist. Anschließend werde ich dir erklären, wo ich bewusst davon abweiche, um dir ein paar Anregungen für eigene Altäre zu geben.

· · · · · · · · · · · ·

## TU, WAS DU ALS RICHTIG EMPFINDEST

Ich nehme in diesem Buch des Öfteren auf Wicca- oder neuheidnische Traditionen Bezug. Vor allem deshalb, weil ich darüber am meisten weiß. Und mir ist aufgefallen, dass die unter den Bezeichnungen Wicca oder modernes Heidentum zusammengefassten Traditionen einen großen und nützlichen Wortschatz haben, wenn man über Dinge von universeller spiritueller Bedeutung sprechen will. Sie zeigen die Notwendigkeit auf, einen heiligen Raum zu schaffen, eine echte Verbindung zur Erde aufzubauen, über unseren Platz im Universum nachzudenken und uns mit dem Göttlichen zu verbinden. Wicca ist eine Kombination aus europäischer Volkskultur und der Überlieferung mesopotamischer, sumerischer, babylonischer und ägyptischer Gottheiten und Überzeugungen. Viele Heiden verehren das Göttliche in jeglicher Form – wenn es nur lange genug still hält. Die Struktur und die Details dieser wild zusammengewürfelten spirituellen Praktiken haben mich verzaubert. Ich fühle mich in Traditionen zu Hause, bei denen es sich um menschliche Schöpfungen handelt, die sich bewusst weiterentwickeln. Sie bieten meiner breiten Auffassung vom Göttlichen genügend Raum. Ich finde auch, dass man mit einigen leicht abgewandelten Wicca-Praktiken jeder unabhängigen Praxis Struktur verleihen kann. Anders als bei meinem

· · · · · · ·

Wicca-Ria-Pop-magisch-jüdischen Hoodoo mit Nippes und Familienfotos gibt es in ausgewiesenen Wicca-Traditionen strenge Vorschriften dafür, welche Ritualgegenstände auf den Altar gehören. Nicht, dass Wicca-Hexen dogmatisch wären. Es ist nur so, dass einige ihrer Ritualgegenstände für bestimmte Handlungen benötigt werden. Gleichwohl möchte ich die oberste Regel in der *Witches' Bible* erwähnen (dieses Buch existiert tatsächlich, und du kannst es lesen, wenn du dich für die Wicca-Bewegung interessierst): Tu, was du als richtig empfindest. Am Ende haben dein Altar oder dein Ritual vielleicht keine große Ähnlichkeit mit dem Original – und genau das ist der Punkt.

. . . . . . . . . . . .

Ich sehe das so: Ein Altar ist ein Miniaturtempel, ein Schaukasten mit kleinen Darstellungen der verschiedenen Energiearten und Energierichtungen, die sich grob als Elemente einstufen lassen: Erde, Luft, Feuer, Wasser und ein fünfter Aspekt, der sich nicht beschreiben lässt – der Geist, die beseelende Kraft, die oft in Gestalt einer Gottheit dargestellt wird.

In der Wicca-Tradition steht die Ritualschale oder der *Kelch* – das ist nichts anderes als das im christlichen Glauben dafür verwendete Wort – für das Wasser. Die Erde wird von einem *Pentakel* symbolisiert – das ist ein fünfzackiger Stern in einem Kreis. In unserem Fall besteht er aus natürlichen Materialien wie Holz oder Metall. Die Luft versinnbildlicht oft ein *Athame* oder ein Schwert ( falls du genügend Platz hast und auf Live-Rollenspiele stehst). Das Athame ist das zeremonielle Messer der Hexen, das üblicherweise einen dunklen Griff hat (im Gegensatz zum *Bolline* genannten traditionellen Hexenmesser mit weißem Griff, das für

. . . . . . .

alltägliche Arbeiten wie Schnibbeln von Kräutern und Präparieren von Kerzen verwendet wird). Der *(Zauber-)Stab* steht für das Feuerelement. Zauberstäbe sind meist rund dreißig Zentimeter lang (auf ein paar Zentimeter mehr oder weniger kommt es nicht an) und bestehen aus Holz, Metall, Edelsteinen oder aus mehreren dieser Materialien.

Vielleicht fragst du dich, warum die Wahl ausgerechnet auf diese Gegenstände gefallen ist. Sie entsprechen den Farben der Kleinen Arkana im Tarot (siehe Kapitel 11), und ihre symbolische Rolle auf dem Altar beruht auf einer ähnlichen Logik. Der Kelch (Wasser) ist ein mystisches Kürzel für die Gefühle, während das Pentakel-Symbol (Erde) für fundamentale physische und praktische Dinge, für Arbeit und Geld steht. Das von einer Klinge versinnbildlichte Luftelement soll auf die verblüffende Eigenschaft des Denkens und der Sprache verweisen, als spürbare Kräfte in der Welt den Raum zu durchdringen. Nebenbei bemerkt werden Klingen in Ritualen auch tatsächlich so eingesetzt: Die Menschen halten sie, als wollten sie damit die Luft durchschneiden, um die Energie zu lenken. Der Stab (Feuer) dient ebenfalls dem Lenken von Energie. In der Wicca-Liturgie symbolisiert er das eigene Handeln und Tun. Aber der Interpretationsspielraum ist groß. Manche Hexe tauscht die beiden Symbole und verwendet den Stab für Luft und Denken, das Schwert für Feuer und Handeln. Die Diskussion darüber ist eine rein intellektuelle Übung, auf die ich hier weniger Wert lege. Da ich keines dieser Symbole für die Elemente auf meinem Altar verwende, sind diese Feinheiten für mich nicht von allzu großer Bedeutung, und auch du solltest dich davon nicht verwirren lassen. Es geht einzig und allein um die Frage, was deinem persönlichen Stil entspricht.

Ich liebe es, die Überlegungen hinter den Ritualentscheidungen anderer Hexen zu entdecken. Das wirklich Aufregende an der Magie und der Hexenkunst aber ist für mich, der Natur meiner *eigenen* Überlegungen auf die Schliche zu kommen und meine *eigenen* Ritualentscheidungen zu fällen. Mein Ding ist es, Wasser mit ... Wasser zu repräsentieren. Selbstverständlich fülle ich es in ein Gefäß. Aber ich habe keines, das nur diesem Zweck dient – obwohl ich gerade erklärt habe, dass Ritualgegenstände ausschließlich der spirituellen Arbeit vorbehalten sein sollten.

*Ich mache, was ich will!* Meistens wähle ich ein Behältnis, das zum Tag, zur Stimmung und zum Zweck meines Vorhabens passt. Ich habe zwei Champagnergläser meiner Großmutter, die zu Kelchen werden, wann immer ich es will. Wenn ich an einem Zauber für eine wohnungssuchende Freundin arbeite, verwende ich schon mal einen Becher, der dem für New York typischen »We Are Happy to Serve You«-Kaffeebecher ähnelt. Er erinnert mich an die Drei der Kelche im Tarot. Diese Karte zeigt oft an, dass man die Fülle des Lebens freudig mit Freunden teilt. Ich bringe aber nur deshalb Abwechslung in die Angelegenheit, weil ich so gern nach der perfekten Kleinigkeit suche. Das mag bei dir anders sein. Es ist vollkommen in Ordnung, wenn du immer die gleichen Altargegenstände rockst – egal, was du gerade vorhast.

Als Symbol für die Erde verwende ich ein entsprechendes Gefäß (Kaffeekanne, Blumentopf und so weiter), das mit Salz oder Erde gefüllt ist. Mein Symbol für die Luft ist Räucherwerk (das ist Luft, die man sehen und riechen kann). Dazu brauche ich ein Räuchergefäß, einen Kessel oder einen Aschenbecher, in dem ich gefahrlos Räucherstäbchen, Räucherkegel oder -kerzen, Harze oder Räucherpulver verbrennen kann.

· · · · · · · · · · · ·

# RÄUCHERN IST COOL

Die Auswahl an Räucherwerk ist riesengroß! Da wäre zunächst das **Räucherpulver**, das wir bei Enchantments von Hand herstellen. Wir arbeiten mit einer Basis aus Holz, üblicherweise superfeinem Sägemehl. Es saugt die ätherischen Öle auf, mit denen es beträufelt wird, und setzt den Duft beim Verbrennen frei. Wir verwenden eine Holzbasis, die mit Salpeter behandelt wurde. Du musst nur einen Löffel Räucherpulver in eine hitzebeständige Schale wie einen Aschenbecher oder eine Muschel geben und mit einem brennenden Streichholz hindurchfahren, damit es schön brennt.

**Harze** sind Tropfen von gehärtetem Baumsaft. Sie schmelzen auf einer heißen Oberfläche und verströmen dabei ihren Duft. Weihrauch, Myrrhe, Ambra, Copal und Benzoe werden oft zum Räuchern verwendet.

**Räucherstäbchen** bestehen aus einem mit Räucherpulver oder Harz ummantelten Holzstäbchen, das wie eine kleine Lunte gleichmäßig brennt und das Pulver am Glimmen hält.

**Räucherkegel oder -kerzen** sind nichts anderes als Räucherstäbchen, die in eine Form gebracht und gepresst wurden, um ein langsames und kontrolliertes Abbrennen von oben nach unten zu ermöglichen.

Wenn du mit Harzen oder größeren Mengen Räucherpulver arbeiten möchtest, brauchst du Kohle. Die Räucherkohle ähnelt den Briketts, die du auch zum Grillen verwenden würdest. Sie ist nur etwas kleiner und sieht aus wie ein Hockey-Puck. Man fasst die Scheibe auf einer Seite mit den Fingern oder einer Räucherzange und hält ein brennendes Feuerzeug unter die andere, bis die Kohle Feuer fängt und

· · · · · · ·

Funken sprüht. Haben die Funken etwa die Hälfte der Kohlescheibe erfasst, solltest du sie lieber ablegen, bevor du dir die Finger verbrennst. Ein kleiner Kessel ist ideal: Das Gusseisen hält der Hitze der Kohle stand, der Griff schützt deine Hände und die praktischen kleinen Füße verhindern, dass der heiße Boden die Unterlage beschädigt, auf der er steht. Die Kohle im Kessel entzündet das Räucherpulver und schmilzt die Harze.

· · · · · · · · · · · ·

Als Symbol für das Feuer verwende ich meist, nun ja, Feuer eben! Eine brennende Kerze zum Beispiel. Auf traditionellen Altären wirst du auch Räucherwerk, Kerzen, Wasser und Salz zusammen mit Kelchen, Pentakeln, Schwertern und Zauberstäben finden. Aber ich vereinfache gern, wo ich kann – vor allem, weil ich allein praktiziere und keine Kompromisse schließen muss. Warum sollte ich ein anderes Symbol für die Erde verwenden, wenn sich so viel davon direkt unter meinen Füßen befindet und ganz wunderbar für sich selbst stehen kann?

Wenn ich die symbolische Darstellung der Elemente auf meinem Altar optimiert habe, habe ich zwei Becher, eine Kerze und ein Räuchergefäß vor mir. Mit der Wicca-Tradition hat das nicht sonderlich viel zu tun, obwohl sie mir als Vorlage diente, um meine rituellen Gewohnheiten zu entwickeln. Dieses Arrangement eignet sich für alle rituellen Zwecke auf jedem beliebigen magischen Weg, den du dir ausdenkst. Du musst dich nicht auf diese Dinge beschränken. Du kannst das ausschmücken, wie es dir beliebt. Und Blumen hinstellen. Wahrscheinlich wirst du auch Blumen haben wollen.

Wasser, Luft, Erde, Feuer. Das sind vier Elemente, wenn du mitgezählt hast. Der Geist ist das fünfte Element, das häufig einen Platz auf dem Altar findet, und hier kommt der Schrein ins Spiel. Ein Schrein unterscheidet sich folgendermaßen von einem Altar: Ein Altar ist eine heilige Arbeitsfläche, während ein Schrein einem Wesen, einer Gottheit oder einem geistigen Prinzip deiner Wahl gewidmet ist. Auf vielen Altären befindet sich auch ein Schrein, sodass die beiden Konzepte optisch oft zusammenfallen. In den meisten Religionen gibt es Schreine – die physische Darstellung eines nicht-physischen Wesens, zu dem wir beten oder über dessen Vorbild wir meditieren.

Alles ganz unkompliziert, bis auf die Sache mit dem Geist. Es widerstrebt mir fast ein wenig, das Thema anzuschneiden. Es ist gerade so gut gelaufen! Wir haben uns an den Händen gehalten und gesungen, und niemand hat an der Existenz von Wasser, Erde, Luft oder Feuer gezweifelt. Wir haben uns nicht gefragt: »Wenn es die Erde wirklich gibt, warum lässt sie es dann zu, dass gute Menschen in einen Erdrutsch geraten?« Oder: »Wasser, warum hast du mich verlassen?« Oder uns mit dem Spruch getröstet: »Die Wege der Luft sind unergründlich.« – obwohl das zweifellos zutrifft. Ich selbst betrachte Gott/Göttin eher als eine Art Mischwesen, das die unendlichen Möglichkeiten des Göttlichen in sich vereint und gleichzeitig Zugang zu den einzelnen Gottheiten gewährt, aus denen das Ganze besteht.

Vor diesem Hintergrund fällt es einigen von uns schwer, die verschiedenen Göttinnen voneinander zu trennen. Manche Hexen und Heiden verstehen die Verehrung eines Gottes oder einer Göttin als Verehrung des Göttlichen. Das Studium der unterschiedlichen Formen, die das Göttliche im Laufe der Zeit und in den verschiedenen Kulturen angenommen hat, macht bei vielen einen großen Teil der Praxis aus. Bei einigen von uns ist das Bedürfnis, diese enorme Göttlichkeit in all ihren Formen und Facetten zu würdigen, ebenso stark wie der Wunsch, Erde, Luft, Feuer und Wasser zu ehren. Bei anderen nicht. Manche Hexen sind agnostisch. Manche sehen die Sache skeptisch, weil sie nur glauben, was sie beweisen können. Für sie hat die Praxis der Magie auch ohne die Unterstützung durch eine der zahllosen Gottheiten großen Wert.

Wie wird der Geist nun auf dem Altar dargestellt? Das bleibt dir überlassen. Jedes Bildnis erfüllt den Zweck – vorausgesetzt, es ist im spirituellen Einklang mit dir und erinnert dich an einen Aspekt des besten und erhabensten Teils deiner selbst. Eine schöne Möglichkeit ist eine Statue oder ein zweidimensionales Bild von einem Wesen, das dich inspiriert. Wenn du es nicht so mit Göttinnen und Göttern hast, kannst du auch eine Darstellung von Prince oder Albert Einstein verwenden. Ich würde allerdings empfehlen, von lebenden Personen Abstand zu nehmen. Das wäre etwas heftig. Die Darstellung sollte *Symbolcharakter* haben. Falls du dem Göttlichen keine menschlichen Züge verleihen magst (was ich dir nachempfinden kann), lässt du einfach deine Fantasie spielen und überlegst, wie du diesen Platz füllen willst. Künstler muslimischer und jüdischer Sakralkunst lassen sich seit Jahrtausenden etwas einfallen, um das Heilige darzustellen, ohne ihm ein Gesicht zu geben. Probiere es einfach mal aus!

Falls du das Bild einer Gottheit auf deinen Altar stellen möchtest, solltest du Platz für Opfergaben lassen. Genau genommen bedeutet das Wort Altar »erhöhter Ort, um Opfergaben darzubringen«. Im Altertum wurden meist Teile von Tieren verbrannt, damit sich ihre Essenz verflüchtigen und in die Himmel aufsteigen konnte, wo die Götter abhängen und sich am Rauch der Ergebenheit erfreuen. Als moderne Opfergaben dienen eher Lebensmittel und Blumen der unverbrannten Sorte. Bei dem Opfer selbst kommt es darauf an, was der von dir gewählten Gottheit heilig ist. Google dich schlau! Es macht einen Heidenspaß, Göttinnen, Götter und ihre persönlichen Vorlieben zu recherchieren. Es erinnert mich an die Nachforschungen, die ich mit Anfang zwanzig anstellte, um mich in eine Schwärmerei für einen Promi hineinzusteigern. Würde meine – rein theoretische – Suche ergeben, dass mein Angebeteter Lakritzstangen, die Farbe Gelb und Waldspaziergänge mag, könnte ich einen Altar mit Lakritze, gelben Rosen und Kieferräucherwerk als Opfergaben errichten, um ihn zu erweichen. Alles klar? Genau so machst du es mit dem von dir erwählten Geist.

Von Promis solltest du allerdings lieber die Finger lassen. Das ist schräg! Prominente sind auch nur Menschen.

Bevor wir zum nächsten Punkt kommen, möchte ich erwähnen, dass zu einem traditionellen Wicca-Altar weitere Gegenstände gehören, die ich zu Hause nicht oft verwende. Da wäre zum einen der *Besen*, der heute eher dekorative Funktion hat, mit dem man in einer rituellen Geste aber auch schlechte Schwingungen hinwegfegen kann.

Ein weiterer Altargegenstand ist der *Kessel*, den du vermutlich für den Kochtopf der Hexe hältst, obwohl früher alle Leute mit einem Kessel gekocht haben. Der Kessel ist in erster Linie ein Gefäß, das wie der weibliche Schoß geformt ist. Er dient zum Mischen verschiedener Elemente, um mehr daraus zu machen als die Summe ihrer Teile. Das kann bedeuten, dass man eine leckere Mahlzeit darin kocht, einen Zaubertrank mischt oder ihn als hitzebeständiges Behältnis nutzt, damit aus Kerzen, Räucherwerk oder Harz die Veränderungen werden, die man in der Welt sehen möchte. Ein Kessel ist sowohl ein äußerst robustes Behältnis als auch eine ziemlich solide Metapher.

· · · · · · · · · · ·

# MAGISCHER HAUSPUTZ

Was ich mit einem Kessel am liebsten mache? Ihn putzen! Sei so gut und habe ein wenig Nachsicht mit mir. Zuallererst musst du alles herauskratzen, was sich im Kessel angesammelt hat. Wenn du in deinem Kessel Räucherwerk und Harze mischst und/oder verbrennst, bildet sich darin nach einer Weile ein Mix aus öligen Rückständen und Asche mit einer vielschichtigen Duftnote. Um den ganzen Mist loszuwerden, bedeckst du den Boden des Kessels mit *Florida Water* (auch *Agua florida* oder *Florida Wasser* genannt). Florida Wasser ist die amerikanische Version des französischen Eau de Cologne oder des deutschen Kölnisch Wasser – ein leichter Unisex-Duft, den man als All-zweck-Parfümerieartikel oder dank der Blütenextrakte, die ihm seinen erfrischenden Duft verleihen, auch als starkes und vielseitig einsetzbares Mittel der spirituellen Reinigung verwenden kann: zum Reinigen des Körpers, wenn man es auf die Haut aufträgt; zum Reinigen des Hauses, wenn man es ins Wischwasser gibt; oder zum Abwischen von Altären und Ritualgegenständen. Es wird durchaus auch für weltliche Zwecke genutzt, kommt aber (neben Weihwasser und verschiedenen anderen Blütenwässern) bei Wicca-, Santería-, Hoodoo- und Voodoo-Praktizierenden bei der rituellen Reinigung zum Einsatz. Die meisten der zahlreichen im Handel erhältlichen Rezepturen sind eine Mischung aus Lavendel, Bergamotte (gelegentlich auch Neroli), Zitrone (gelegentlich auch Orange) und Zimt (gelegentlich auch Nelken). In Kapitel 4 werde ich etwas mehr über die magischen Eigenschaften der einzelnen Inhaltsstoffe erzählen.

Du kippst also das Florida Wasser in den Kessel, entzündest ein Streichholz und wirfst es hinein – natürlich mit ausrei-

· · · · · · ·

chend Abstand. Dein Kessel füllt sich sofort mit einer hypnoti-
sierenden blauen Flamme genau wie der Feuerkelch aus dem
gleichnamigen Harry-Potter-Band. Das ist einer meiner spekta-
kuläreren Zaubertricks, den solltest du unbedingt ausprobieren!
Beeindrucke deine Freunde, aber beugt euch nicht über den
Kessel! Das Duftwasser verbrennt in einer Minute und nimmt
alle Rückstände aus deinem Kessel mit. Dies ist auch eine etwas
dramatische Möglichkeit, kleine Fitzelchen magischen Mülls
loszuwerden: Zettelchen mit Sigillen, Bittgesuche, tränenver-
schmierte Gedichte und Dinge, derer du dich rituell entledigen
willst. Ein nettes kleines Kesselfeuer ist, wenn man dabei auf die
Sicherheit achtet, eine effektive Möglichkeit für uns Wohnungs-
hexen, etwas ohne großen Aufwand loszuwerden.

. . . . . . . . . . . .

Im Augenblick ähnelt die Ecke, die meinem Altar gewidmet ist,
eher einem Zimmer, das nur für besondere Anlässe genutzt wird:
Sie sieht gut aus, aber ich halte mich dort nicht auf. Zurzeit stecke
ich meine Magie – meinen Glauben, meinen Willen, meine Absichten und mein Handeln – ins Schreiben. Deshalb praktiziere
ich meine Altarpflege am Arbeitsplatz, damit ich an meine Ziele
erinnert werde. Ich arbeite am Küchentisch, den ich so dekoriere,
dass er mich amüsiert und inspiriert. Eines Abends nahm ich ein
altes Ouija-Brett als Schreibtischunterlage und stellte Efeupflan-
zen auf den Tisch (sie sollen verhindern, dass das Böse in ein Haus
eindringt, aber das ist eher ein Nebenaspekt; ich mag Farne einfach gern). Sie wachsen – sonnenklar – in Erde, weshalb sie als
Symbol für das Erdelement zählen. Ich räucherte mit einer kühlen, erfrischenden Grünteemischung (Luft), um eine Atmosphäre
entspannter Konzentration zu schaffen. Bestimmt standen jede

. . . . . . .

Menge Getränke herum (Wasser), und ich entzündete drei bunte Tropfkerzen (Feuer) auf dem alten gusseisernen Kandelaber meiner Großmutter. Die Kerzen sind weiß, aber das herablaufende Wachs wird bunt. Sie sind ausgesprochen magisch. Den Ehrenplatz in diesem Arrangement erhielt eine *Mona Lisa* in Originalgröße in einem edlen Goldrahmen. Ich hatte sie auf einem Hinterhofflohmarkt entdeckt und sofort gewusst, dass wir füreinander bestimmt waren. Frau Mona, die heilige Mutter der Selbstbeherrschung – so gelassen und sicher, dass sie etwas weiß, was du nicht weißt. Das ist die richtige Einstellung!

Wie du siehst, habe ich mein Möglichstes getan, um meine unmittelbare physische Umgebung in ein Spiegelbild jener Vision zu verwandeln, die ich verwirklichen möchte – in einen entspannten, behaglichen Ort, an dem wir über mystische Dinge reden können, ohne uns allzu ernst zu nehmen.

## Lektüreempfehlung

Amber K.: *True Magick*, St. Paul, MN: Llewellyn 1990.

Alexander, Skye: *Das große Hexen-Handbuch. Das Einmaleins der Weißen Magie*, Köln: Anaconda 2017, S. 117 ff. (Anm. d. Ü.)

Cunningham, Scott: *Wicca. Eine Einführung in weiße Magie*, Berlin: Ullstein 2005, S. 76 ff. (Anm. d. Ü.)

Farrar, Janet und Stewart: *A Witches' Bible. The Complete Witches' Handbook*, Ramsbury: The Crowood Press Ltd 2002.

Estés, Clarissa Pinkola: *Die Wolfsfrau. Die Kraft der weiblichen Urinstinkte*, München: Heyne 1997.

# KAPITEL 2

# Rogg Biv DeVoe,
# oder: Farben

Du weißt jetzt, wo du deine Magie wirken wirst. Dann können wir uns ansehen, welche Elemente du zum Schmieden deiner Zauber in Betracht ziehen kannst.

Die Faszination der Farbmagie beruht darauf, dass sie eine der alltäglichsten magischen Spielarten ist. Jedes Mal, wenn eine Farbe mit Gefühlen verbunden wird oder eine Bedeutung jenseits der wörtlichen erhält, haben wir es mit einer Form von Farbmagie zu tun. Mit dem Wörtchen »Magie« meine ich, dass eine Absicht oder Überzeugung (in Form eines Gedankens) ein greifbares Ergebnis erzeugt: Weil dich die Farbe Rot an Sex erinnert, trägst du in dieser Absicht ein rotes Kleid, wenn du ausgehst, und bist sexy. Das ist rote Farbmagie. Die ganze Sache ist so einfach, dass ich mir dämlich vorkomme, es überhaupt aufzuschreiben. Ich meine, für dieses Phänomen gibt es sogar ein eigenes Emoji! 💃

Du hast es in Film oder Fernsehen gesehen, in Büchern davon gelesen und in saxophonlastigen Rockballaden davon gehört. Aber vielleicht dachtest du, das hätte nichts mit echter Magie zu tun – obwohl der Typ in dem Lied sang: »Oh it's magic«, oder: »Everything she does is magic, magic, magic.« Vielleicht dachtest du ja, in der Magie ginge es gar nicht darum, seine Vorstellungen zu verwirklichen.

Farben haben eine große Bedeutung und sollten beim Zaubern bedacht werden. Ein Teil der magischen Arbeit besteht darin, eine Stimmung zu erzeugen, die deiner Absicht entspricht. Beim Schmieden eines Zaubers sind Farben die körperliche Manifestation einer bestimmten Atmosphäre. Wir können eine große Auswahl an Farben und deshalb auch ein breites Spektrum farblicher Assoziationen zu dieser Party mitbringen. Denn es *ist* eine Party! Ich werde gleich das Farbrad drehen wie bei einer Partie Twister und erklären, was man dort, wo ich herkomme, mit den einzelnen Farben verbindet. Ich werde auch weiter alberne Wortspiele machen und Kofferwörter basteln wie in der Kapitelüberschrift. Hier habe ich Rogg Biv, die Eselsbrücke für die Spektralfarben, die der eine oder die andere in der Schule gelernt hat, mit der zweiten Hälfte des Namens einer R&B-Band aus meiner Jugendzeit namens Bell Biv DeVoe verbunden und – Simsalabim! – war es wie durch Zauberei superlustig und alle haben gelacht. Schrullige, altmodische Witze spielen in der Hexenkultur, von der ich durchdrungen bin, eine große Rolle. Ich möchte keinesfalls, dass du auf dieses semantische Feuerwerk verzichten musst.

Die kurze Geschichte der Farben lautet wie folgt:

- Rot: Mars, Motivation, Feuer, sexuelle Anziehung
- Orange: Merkur, Kommunikation, Erfolg
- Gelb: Sonne, Anziehung, Freude
- Grün: Venus, Geld, Fülle, Glück

- Blau: Frieden, Schutz, Entspannung
- Indigo: O je, in diesem System gibt es gar kein Indigo. Ich hätte Rogg niemals in diese Sache hineinziehen dürfen.
- Violett alias Lila: Erkenntnis, Ausdehnung, Weisheit

Dann sind da noch Schwarz, Weiß, Rosa, Gold und Braun. Diese Farben kannst du als den DeVoe-Teil in unserem Szenario betrachten. Siehst du? Das ist witzig! Wir lachen und haben Spaß – und so soll es auch sein, denn das ist keine Hexerei.

Aber bevor wir zu den magischen Eigenschaften der Farben kommen, möchte ich zunächst kurz auf die durch und durch wissenschaftliche Magie der Farbwahrnehmung eingehen. Wir wollen erforschen, wie das menschliche Auge Farben wahrnimmt. Mit erforschen meine ich, dass wir die zehn oder zwölf Fakten zur Leistungsfähigkeit des menschlichen Auges aneinanderreihen, die ich wie eine kleine Ganovenbraut mit langen Fingern stibitzt habe – aus Sendungen im öffentlich-rechtlichen Radio, Büchern von Maggie Nelson und einem alten Lieblingsspiel meiner Freunde, das ich »Wissenschaft oder Schwachsinn« nenne. Die Regeln kannst du dir sicher denken. Jedenfalls geht es darum, dass du deinen Freunden etwas Unglaubliches über die Natur und das Universum erzählst, das du irgendwo gehört hast – du weißt nur leider nicht mehr, wo.

Es ist eine bekannte wissenschaftliche Tatsache, dass Augäpfel komische glibberige Kugeln sind. Sie haben eine Iris, die sich wie der Verschluss einer Kamera öffnet und schließt, um die richtige Menge von dem Licht einströmen zu lassen, das von den Objekten unserer Umgebung zurückgeworfen wird. Weißes Licht enthält das gesamte Farbspektrum. Das kann man sehen, wenn man es an einem Prisma bricht und es in den hübschen »Rogg Biv DeVoe«-Regenbogen zerfällt. Was wir als die Farbe eines Objekts wahrnehmen, zum Beispiel das Grün des Rasens, ist eigentlich die Folge davon, dass die Chemikalien im Gras (vor allem das Chlorophyll) alle anderen Farben des Lichts absorbieren *bis auf* das Grün. Der grüne Teil des Spektrums prallt ab und wird zurückgeworfen. Mein Onkel Bill (Nye the Science Guy) hat mir einen Spruch beigebracht, der lautet: Wir sehen nicht die Dinge, sondern das von den Dingen reflektierte Licht.

Wenn dieses Licht durch die Iris hereinfällt, ist das allerdings erst der Anfang des Sehvorgangs. Die Linse im Auge verändert nun ihre Form, um das verschwommene Licht blitzschnell zu bündeln und auf die Netzhaut zu werfen. Wie der Film in einer Kamera fängt die lichtempfindliche innere Schicht des Auges einen Eindruck des Bildes ein und gibt es über den Sehnerv ans Gehirn weiter. Anschließend fügt das Gehirn all diese Reize zu einem erkennbaren Gebilde zusammen – der nächsten Seite eines Daumenkinos. Mein Onkel Bill sagt, einige Wissenschaftler würden die Augen und den Sehnerv als *Teil des Gehirns* betrachten. Dieser Gedanke erfreut mein Herz! Mir gefällt die Vorstellung, dass die Augen eigenständige Interpretationsorgane und nicht nur zwei unvoreingenommene Kameras sind, die das Gehirn mit Live-Aufnahmen versorgen. Deine Augen haben ihren eigenen Kopf. Unsere oberflächliche Untersuchung ist noch nicht einmal eine Seite lang, und schon sind all die unverfälschten optischen Daten, von denen wir dachten, dass wir sie sorgfältig und wissenschaftlich verarbeiten würden, vom interpretativen Tanz unseres trügerischen Verstandes besudelt.

Wie können wir uns da einen Reim auf das schillernde Durcheinander der Welt machen? Das ist die magische Frage! Wir beginnen damit, dass wir Unterscheidungen treffen und Kategorien schaffen, um die Dinge – nach Farben sortiert – einordnen zu können. Es folgt ein grober Leitfaden mit ein paar allgemeingültigen magischen Farbassoziationen und einigen der unendlich vielen Möglichkeiten, wie wir sie zu Zauberzwecken nutzen können.

# Rot

Die Farbe Rot wäre stinksauer auf mich, wenn ich mich durch die wissenschaftlichen Aspekte von seiner stürmenden und drängenden Energie ablenken ließe. Rot ist ein Signal, das uns *sofort* physiologisch fesseln soll – und daher ist es auch beim Stoppschild im Gebrauch. Rot verlangt unsere Aufmerksamkeit. Es steht für Süße, Reife oder Gift. Du hast die Wahl, aber lass dir nicht zu lange Zeit, denn Rot ist äußerst entscheidungsfreudig. Bei der Farbe Rot geht es um Sex oder treffender, um die Körperteile, an denen beim Sex Reibung entsteht. Für mich ist roter Lippenstift der Inbegriff der Sexy-Lady-Magie des Spätkapitalismus. Feminine Menschen wirken diesen Alltagszauber zehnmal am Tag, ohne sich dessen bewusst zu sein. Dabei ist das Schminken der Lippen eine eindringliche Erinnerung: Zuerst wirst du selbst und dann werden auch alle anderen, die deine oberen Lippen erblicken, unterschwellig und unterbewusst an deine unteren Lippen erinnert – solltest du das Glück haben, ein Paar davon zu besitzen. Ich spreche von deiner Vulva! Und wenn du mit der roten Farbmagie so weitermachst, werden bald auch alle anderen davon reden. Es hat einen Grund, weshalb die teuersten und prestigeträchtigsten Schuhe – Louboutins – eine blutrote Sohle haben. Sie würden niemals die gleiche faszinierte Begehrlichkeit wecken, wenn ihre Unterseite fliederfarben wäre. Du kannst dir auch denken – wie es Nathaniel Hawthorne zweifellos getan hat –, dass ein himmelblauer Buchstabe eine Frau niemals so wirkungsvoll als Schlampe anprangern könnte wie ein scharlachroter.

Alle Lebewesen sind das Ergebnis von Sex. Es muss schon eine verflucht mächtige Energie sein, die so viel bewirkt, die so viele Impulse Wirklichkeit werden lässt. Röter als Geburt und Sex wird's nicht. Rot war die erste Farbe, mit der sich der Mensch bemalte und schmückte. Da sie die kürzeste Wellenlänge hat, gewinnt sie das Wettrennen der Farben über die Augäpfel zum Gehirn. Rot steht für die instinktiven Triebe, die dafür sorgen, dass wir auch weiterhin essend, vögelnd und kämpfend Richtung Zukunft stürmen. Rot ist der Antrieb, die Impulsivität, die Reibungshitze der Transformation, das Blut der Fortpflanzung im Unterleib, der Zellhaufen, aus dem wir entstehen.

Alle Yogis und Yoginis hier wissen, dass das Chakrasystem seinen Ursprung in den Upanishaden hat, den uralten lebendigen Texten, die zusammen mit den Veden die Grundlage des

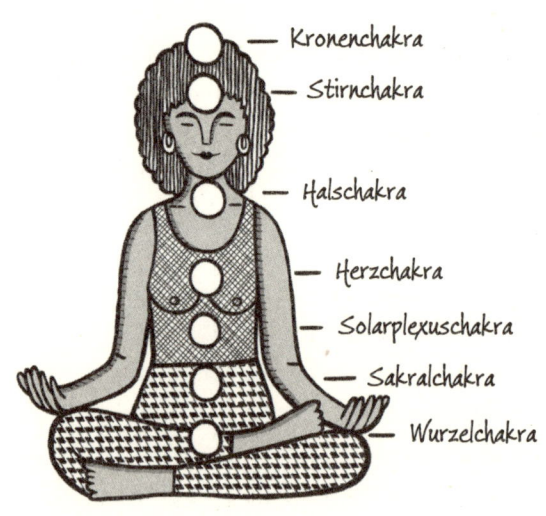

Kronenchakra
Stirnchakra
Halschakra
Herzchakra
Solarplexuschakra
Sakralchakra
Wurzelchakra

Hinduismus und der Yogapraxis bilden. Der Sanskrit-Begriff *chakra* bedeutet wörtlich übersetzt »Rad«. Er beschreibt Körperbereiche, die als Zentren zur Sammlung unterschiedlicher Energie dienen.

Die Farbe Rot wird dem Wurzelchakra oder *Muladhara*-Chakra zugeordnet. Es bildet die Basis der physischen Natur und unseres Gefühls von Sicherheit und Geborgenheit. (Ich wähle meine Worte bewusst ein wenig vage, weil sich die Systeme nicht genau entsprechen. Doch da sie sich überschneiden, finde ich es hilfreich, sie nebeneinander zu erwähnen.) Zum Muladhara-Chakra gehören die Fortpflanzungs- und Ausscheidungsorgane sowie der Beckenboden. Das ist kein Zufall, denn dieses wichtige Muskelband verhindert, dass deine Eingeweide unten rausfallen. Ich würde sagen, das ist ziemlich fundamental. Und rot.

### Was fängst du jetzt damit an?

Wir könnten das Sanskrit-Symbol für das Muladhara-Chakra in eine rote Kerze ritzen, falls sich jemand auf dieser Welt besser geerdet fühlen oder sich im Hinblick auf Ernährung, Schlaf und Flüssigkeitszufuhr wieder besser um sich kümmern möchte – die grundlegenden Dinge eben, die ein Gefühl guter Erdung bewahren. Rot ist auch der berüchtigte Zaubertrank meiner Freundin Nette (siehe auch »Spielen wir ›Nette oder Nessel?‹ in Kapitel 4) mit dem Namen »Schmutzige Laken«, das geilste Rezept für sexuelle Anziehung weit und breit. Wenn man einen Geruch als »kehlig« bezeichnen könnte, hätte er einen kehligen Geruch. Wenn »unterleibig« ein Wort wäre, würde ich es für diesen Trank verwenden. Er verspricht eine rein körperliche Wirkung. Er will keine kuscheligen Gefühle von Liebe wecken, sondern knallt direkt unter die Gürtellinie. Ein TV-Drehbuchautor bekam eine Flasche davon in die Finger. Die Wirkung war so dramatisch (ein paar Stunden später war seine sexuelle Flaute vorbei, und er trieb es auf der Toilette mit einem Barkeeper), dass die Autoren den Trank untereinander weitergaben und daraufhin einhellig von Trockensex und polyamourösen Angeboten berichteten. Ein paar Monate später spielte er in ihrer Serie die entscheidende Rolle als Entlastungsbeweis in einem fiktiven Mordprozess, was diesen entzückenden kleinen Reim inspirierte: »Bei schmutzigen Laken ist sie vom Haken.«

Unlängst habe ich am Weltfrauentag aus Solidarität einen roten Zauber gewirkt. Ich habe unter anderem eine rote Kerze verwendet, die wie eine Frau aussieht – eine Wachsfigur, etwa so groß wie eine Barbiepuppe. Normalerweise würde man diese Kerze für einen Zauber verwenden, um (a) eine liebestolle Dame anzuziehen oder (b) selbst zu einer auf charmante Weise liebestollen Lady zu werden. Ich stehe voll hinter diesen Verwendungsmöglichkeiten. Aber an jenem Tag entzündete ich die Kerze, um mich mit den Frauen in aller Welt solidarisch zu erklären, die rot gewandet Bewusstsein für die Rechte der Frauen schaffen und gegen die Politik unseres frauenfeindlichen Präsidenten protestieren wollten. Ich arrangierte sie zusammen mit einem roten Gummiball und einer Flasche Klebstoff im Dreieck auf meinem Altar (der sich bei dieser Gelegenheit in meiner Badewanne befand), weil ein Dreieck einfach cool aussieht. Dann drehte ich »I'm Every Woman« richtig laut auf und sang mit. Der Text ist ideal, um sich mit der Figur einer allmächtigen Göttin zu identifizieren und ihre Macht im Besitz aller Frauen und Femmes zu verankern. Wenn du nicht auf Ashford & Simpson, Chaka (Khan) oder Whitney (Houston) stehst (schäm dich!), kannst du es mit dem Gedicht »Ego Tripping (there may be a reason why)« von Nikki Giovanni oder einem anderen Song versuchen, der dir das Gefühl gibt, obercool und ladylike gleichzeitig zu sein.

Vermutlich dämmert es dir allmählich: Es ging darum, alle Frauen zu verkörpern – und die Kerze machte diese Absicht deutlich. Dass mir der rote Gummiball in die Hände fiel, war ein glücklicher Zufall, und ich habe mich daraufhin sofort auf die Suche nach Kleber gemacht. Beides erinnerte mich an den ältesten und mächtigsten kindlichen Umkehrzauber: »Ich bin Gummi, du bist Kleber. Was du sagst, prallt ab von mir und klebt stattdessen fest an dir.« Einige Leute forderten, die Hexen sollten die Regierung Trump schlicht und einfach verwünschen. Ich kann diesen Wunsch nachvollziehen, aber ich habe es nicht so mit dem Verhexen. Das macht sich nicht gut. Ich würde niemals weiter gehen, als ich es mit diesem Umkehrzauber tue. Ich ziehe es vor, keinen magischen Streit vom Zaun zu brechen.

# Rosa

Die Magie der Farbe Rosa ist eine Variante der roten Magie – so viel ist klar. Diese Zusammenhänge sind alles andere als ein esoterisches Geheimnis. Es sind ganz normale menschliche Assoziationen. Mit unserem Glauben und unserer gemeinsamen Erfahrung verleihen wir diesen Farben ihre Macht. Farben transzendieren unsere Individualität und geben uns Zugang zu einem gemeinsamen Wortschatz. Die Menschen vieler Kulturen verbinden die Farbe Rosa mit allem, was niedlich ist. Zuneigung, Frühlingsgefühlen und Kirschblüten. Sie ist Venus, Aphrodite, Erzulie (eine haitianische *Loa* oder Göttin afrikanischer Herkunft) und auch anderen Liebesgöttinnen heilig. Diese Göttinnen tragen unterschiedliche Namen und haben verschiedene Ursprünge, aber sie erfüllen eine ähnliche Funktion: Sie geben einem Ideal romantischer Liebe eine konkrete weibliche Form. Die Göttin schlüpft in so viele Gestalten, wie nötig sind. Sie wählt oft Rosa als ihre Farbe, denn Rosa steht für eine gesunde Gesichtsfarbe, für die Manifestation des Blutes direkt unter der Haut, für den Wunsch nach Nähe, der anders ist als das drängende Verlangen und die Reibung der Farbe Rot. Rosa löst eher ein Gefühl aus, als wolle man sein Notizbuch mit Herzchen vollkritzeln.

## Was man mit rosa Sachen machen kann

Rosa Kerzen, Räucherwerk und Tränke werden für romantische Liebeszauber verwendet: um eine neue Liebesbeziehung anzuziehen, eine bestehende Liebesbeziehung zu vertiefen oder sich von einer Liebesbeziehung zu lösen, die nicht funktioniert hat. Ein wichtiger und häufig vernachlässigter Aspekt dabei ist, dass man die magische Energie romantischer Schwärmerei, die einige von uns im Übermaß produzieren und in wunderliche Richtungen projizieren, auch nach innen lenken kann. Ich halte es für eine ausgezeichnete Möglichkeit, Liebe anzuziehen, wenn man sich selbst im Schein einer rosafarbenen Kerze mit dieser Zuneigung beschenkt, wenn man sich auf die eigenen liebenswertesten Eigenschaften konzentriert, sie lobt und preist. Man tut sich leichter damit, einen anderen Menschen zu schätzen, wenn man ungefähr weiß, wie's geht.

· · · · · · · · · · ·

## MYSTISCHE KRISTALLREGENBOGEN

Für die Arbeit mit Steinen gibt es eine praktische Faustregel: Meist verrät die Farbe, wofür sie hilfreich sein können. Du bist dabei, ein Verständnis für magische Farbassoziationen zu entwickeln. Im Großen und Ganzen lässt sich diese Logik auch auf die Arbeit mit Kristallen, Steinen und Edelsteinen übertragen. Es sollte dich daher nicht überraschen, dass man rosafarbene Steine in Verbindung mit einem Liebeszauber einsetzen kann. Manche Menschen verwenden zum Beispiel Rosenquarz, um sich auf die Schwingung der bedingungslosen Liebe sich selbst und anderen gegenüber einzustellen. Rosa Turmalin (auch Rubellit genannt) wird als Schmuck oder am Körper getragen, um freundschaftliche platonische Liebe anzuziehen. In der Steinheilkunde genießt er den Ruf, das Mitgefühl für andere zu stärken. Beim Wassermelonenturmalin umschließt ein Rand aus grünem Stein einen blassrosa Kern. Dieser Stein symbolisiert das Gleichgewicht zwischen projektiven und rezeptiven Energien. Es ist die Art von Gleichgewicht, die Hexen im eigenen Inneren und in der Beziehung zu einem Partner suchen.

· · · · · · · · · · ·

# Orange

Bei der Magie der Farbe Orange geht es um Erfolg und darum, deinen Willen in die physische Manifestation deines Ziels zu verwandeln. Orange ist die Farbe des Solarplexus, dort hat die schöpferische Energie ihren Sitz. Sie ist (genau wie Kupfer, aber ich werde einfach nur Orange sagen) dem Planeten Merkur zu-

· · · · · · ·

geordnet, dessen Magie mit Sprache, Handel und dem energetischen Funken zu tun hat, der im Gespräch und beim Informationsaustausch zwischen den Menschen überspringt. Orange steht für den Punkt, an dem potenzielle Energie (auch: Lageenergie) in kinetische Energie (auch: Bewegungsenergie) übergeht. Hast du schon einmal gehört, dass man die Küche oder das Esszimmer in Orange streichen soll, weil das den Appetit anregt? Orange hat eine zündende Wirkung.

## Wozu ist Orange gut?

Wenn eine Hexe den Eindruck hat, in einen gewissen beruflichen oder kreativen Trott zu verfallen, kann sie mit einer orangefarbenen Kerze arbeiten. Sie bündelt ihre Aufmerksamkeit, um den Funken der Inspiration zu spüren oder einen Zauber für die Jobsuche zu unterstützen, der sie mit den für Merkur typischen Schwingungen der Redegewandtheit und des Scharfsinns verbindet ( für geschmeidige Vorstellungsgespräche) und ihr das Talent verleiht, zur rechten Zeit am rechten Ort zu sein ( für glückliche Fügungen beim Networking). Alle Rezepte für Erfolg, für die Gunst Merkurs und für Glück bei der Arbeitssuche sind Mischungen aus ätherischen Ölen und Kräutern, mit denen du deine Energie darauf richten kannst, einen Job an Land zu ziehen. Sie brauchen Farben wie Rostbraun, Orange oder Kupfer, um eine Verbindung zu den diversen Göttern der Kommunikation und Inspiration herzustellen (besonders, wenn es um das gesprochene oder das geschriebene Wort geht). Vielen von ihnen ist die Farbe Orange heilig. Das fühlt sich für mich auch richtig an, weil Kupfer ein sehr leitfähiges Metall ist. Da es Elektronen besonders flink transportiert, wird es für die Kabel in unseren Kommunikationsgeräten verwendet. Aus dem gleichen Grund verbinden Menschen, die Zauberstäbe und magischen Schmuck herstellen, die einzelnen Elemente gern mit Kupferdraht: Kupfer soll die Energie, wie sie von den *Hexen* verstanden wird, ähnlich gut leiten.

Wegen seiner Leitfähigkeit, Formbarkeit und verbindenden Eigenschaften kann Kupfer auch in der Liebesmagie von Nutzen sein. Es ist das Metall der Liebesgöttin Oshun, über die wir uns später ausführlicher unterhalten werden. Auf ihrem Altar findet man als Opfergabe oft Kupfermünzen in einer Zahl, die ein Vielfaches von fünf ist. Kupfer ist überdies für die Göttin Venus und ihren kleinen Kameraden Amor wichtig. Du kannst dir vorstellen, dass dein Kupferschmuck diesen Gottheiten geweiht ist und die gewünschte Aufmerksamkeit und Liebe magnetisch anzieht. Verbindet man seine Absicht mit einem Gegenstand, der am Körper getragen wird, wird dieser als *Talisman* bezeichnet. Kupfer ist eines der bevorzugten Metalle für die Herstellung von Talismanen.

## Gelb und Gold

Ich brenne darauf, zu den Farben Gelb und Gold zu kommen, weil ich es kaum erwarten kann, über die Sonne und ihre Wärme zu sprechen und wie sexy es ist, dass Licht sowohl Teilchen als auch Welle ist. Ich liebe es, wenn Dinge zwei Seiten haben. Weigern wir uns, immer am gleichen Fleck zu bleiben und an einer Form festzuhalten, wird so viel Magie möglich. Mit gelber Farbmagie zapfen wir die solare Energie an. Du kennst sie von der Freude über die Wärme der Sonne, vom Rampenlicht, von der Lust am Gesehenwerden. Ruhm.

Sonnenlicht reinigt, und die Farbe Gelb ist oft Bestandteil eines Heilzaubers. Ich kenne eine Heilräuchermischung, die hell und fluffig ist dank der goldfarbenen Blüten der Immortelle, die auf dem amerikanischen Doppelkontinent zu medizinischen Zwecken geraucht werden, um Kopfschmerzen zu lindern. Viele heilende Kräuter und Blüten, die der Sonne zugeordnet werden, sind strahlend gelb wie Kamille und Ringelblume und werden zur Linderung von Beschwerden und zur Desinfektion eingesetzt.

## Magische Einsatzmöglichkeiten

Die Farbe Gelb dient in der Magie auch dazu, in einer Situation sonnige Heiterkeit zu erbitten. Im Laden stellen wir »Solar Blast«-Kerzen für Geburtstage her. Denn der Geburtstag ist der Tag, an dem die Sonne (mehr oder weniger) an die gleiche Position zurückkehrt, an der sie sich auch am Tag deiner Geburt befand.

Wenn du mit magischer Hilfe etwas Spezielles finden willst, ist das ein Anziehungszauber. Ich nutze gelbe Anziehungsmagie gern, wenn es um die Wohnungssuche geht. Natürlich kann ich hier keine Gratisauskunft geben, welche Siegel und Sigillen wir bei Enchantments verwenden. Aber ich kann dir verraten, dass es nicht völlig verrückt wäre, das schlichte Symbol eines Hauses zu ritzen oder zu zeichnen, das für ein Dach über dem Kopf steht. Dazu noch Pfeile, die zur Mitte zeigen, und ein Sonnensymbol (kleiner Tipp: Es dürfte wie eine Sonne aussehen). Du kannst mit der sonnigen Magie der Farben Gold oder Gelb auch einen Aspekt deiner Person betonen, wenn du beispielsweise bei einem Vorsingen oder Vorsprechen aus der Menge hervorstechen willst.

Wenn du dir Ruhm und ein stolzes Auftreten jedweder Art erhoffst, kannst du mit den Farben Gold und Gelb zeigen, dass du cooler bist als alle anderen.

# Grün

Die Farbe Grün lässt sich unter so vielen Gesichtspunkten betrachten, dass ich gar nicht weiß, wo ich anfangen soll. Vielleicht beim Herzchakra? Wir wissen, dass die Chakras die Energiezentren des (feinstofflichen, inneren, unsichtbaren) Körpers sind. Das Herzchakra heißt auch *Anahata* oder »nicht angeschlagen«, als wolle man andeuten, dass es in einem offenen, mitfühlenden Herzen einen Winkel gibt, der auf wundersame Weise unzerstörbar ist. Dieses Chakra ist der Sitz der Emotionalität, hat die Farbe Grün und gehört zu Lakshmi, der hinduistischen Göttin der Liebe und des Wohlstands. Der feine Unterschied zwischen Geld und Wohlstand wird oft außer Acht gelassen. In einem Venn-Diagramm gäbe es klare Überschneidungen, aber Wohlstand ist sehr viel mehr. Geld ist nur ein Abbild davon, eine Art Stuntpuppe. Bei Lakshmi, dem Herzchakra und der Farbe Grün geht es um wahren Wohlstand – im Hinblick auf Familie, Freunde, Nahrung, Chancen. Und natürlich Geld.

## Zum Ausprobieren

Für Geldzauber verwendet man im Allgemeinen grüne Kerzen – sogar in Ländern, in denen es keine grünen Geldscheine gibt. Um deinen Cashflow anzukurbeln, könntest du grüne Kerzen, deine Geldbörse, deine Servierschürze und so weiter mit Symbolen wie

Dollarzeichen, Pfeilen und dieser gruseligen Pyramide mit dem Auge Saurons verzieren. Wir werden später noch ausführlicher darüber sprechen, wie man Geld anziehen kann (siehe Kapitel 10), aber es ist eine ziemlich grüne Angelegenheit.

## Noch mehr Dinge zum Ausprobieren

Eine weitere Form grüner Magie, die vielen wahrscheinlich zuerst in den Sinn kommen wird, ist die Magie der Kräuter, Pflanzen, Bäume und Blumen (weitere Informationen findest du in Kapitel 4, Pflanzen und Mineralien). »Grüne Magie« ist, zumindest meinem Verständnis nach, ein Überbegriff für alle Arten von Kräuterkunde, Pflanzenmagie und Landwirtschaft. Das volkstümliche Wissen um die Heilpflanzen – wie man sie am besten anbaut und erntet, wie man ihre Macht versteht und nutzt – liegt beinahe der gesamten modernen magischen Praxis zugrunde. In der Wicca-Tradition haben alle Bräuche ihren Ursprung in der aufmerksamen Betrachtung der Natur, dem Wunsch, im Einklang mit ihr zu leben, und der Würdigung des Göttlichen in allen Lebewesen. Eines der hilfreichsten Bücher, die ich zu diesem Thema kenne, ist die *Enzyklopädie der magischen Kräuter* von Scott Cunningham. Dieses wunderschön illustrierte Handbuch enthält zauberhaft ausführliche Beschreibungen zur Herkunft und traditionellen magischen Verwendung der Pflanzen. Es ist ein großartiger Einstieg für alle, die mehr über die grüne Magie der Pflanzen wissen wollen.

# Blau

Ich liebe das Grenzenlose der Farbe Blau; für mich ist sie ätherischer als andere Farben. Der Himmel, das Meer und auch die Nacht reizen Augen und Verstand dazu, ihre unendlichen Weiten verstehen zu wollen. Die Farbe Blau entzieht sich all meinen Bemühungen, sie zu fassen zu bekommen. Sie bringt mich dazu, mich nach den hochgestochenen Wörtern in meinem Wortschatz zu recken – und doch stehe ich mit leeren Händen da. Aber im Ernst, ich werde jetzt keinen Schwall von unsinnigem Wortmüll über die Farbe Blau ergießen. Ich sage dir einfach ...

## Wozu man sie in der Magie verwendet

Blau steht für Frieden und Schutzabsichten, zum Beispiel um ein Haus oder eine Wohnung zu segnen. Wenn man ein neues Zuhause bezieht oder ein klärendes Gespräch in der WG geplant ist, bietet es sich an, eine blaue Haussegnungskerze anzuzünden. Ihre kühle Farbe fördert harmonische Beziehungen, Frieden und Konfliktlosigkeit. Neutralisierende und schützende Absichten dieser Art werden oft zur Mondmagie gezählt, der Mond ist ein beliebtes Haussegnungssymbol. Unabhängig von deinem persönlichen Stil bei der Haussegnung kann es sinnvoll sein, das Bild eines Mondes zu beschwören, der als Leitstern oder Wächter über dem Haus steht und es bewacht. Denk an die Mondsichel, die vor unserem Laden hängt.

## Das ist noch nicht alles

Wer transportablen Schutz wünscht, für den haben wir im Laden ein paar Bücher über geistige Selbstverteidigung (dabei wird man nicht handgreiflich), die wir in solchen Fällen empfehlen. Ich werde hier kurz zusammenfassen, was ich am hilfreichsten finde. Es ist das, was Nette mir erzählt hat, als ich sagte, dass ich keine Lust hätte, das Buch zu lesen, und ob sie mir einfach eine kurze Zusammenfassung der Dinge geben könne, die mir am meisten helfen würden. Und das hat sie getan, gesegnet seien sie und ihr Black-Metal-Herz. Der Trick bei dieser Art der geistigen Selbstverteidigung (und meine Recherchen haben ergeben, dass auch andere magische Leute die Technik empfehlen) besteht darin, dass man sich vorstellt, von einem blauen Ei umgeben zu sein, das eine Ähnlichkeit mit einer riesengroßen weichen Medikamentenkapsel hat. Meine Schutzhülle ist eher eine Art Ganzkörperkondom, ein Deflektorschild wie bei *Raumschiff Enterprise*, und sie ist blau. Obendrüber, über meinem Kopf, befindet sich eine Lichtquelle.

Bei mir ist das oft buchstäblich die Beleuchtung im U-Bahnwaggon. Ich mache diese Meditation meist in der U-Bahn, um mich zu erden und von allen Menschen und Dingen abzugrenzen, die mir nicht dienlich sind. Es ist auch eine Möglichkeit, mir in einem öffentlichen Raum Abstand zu verschaffen. Ich stelle die Beine nebeneinander, die Füße auf dem Boden, und erlaube mir das Gefühl, dass sie dort fest verwurzelt sind. Anschließend wandere ich mit meiner Aufmerksamkeit durch den ganzen Körper, scanne ihn von unten nach oben durch und stelle mir vor, wie mein Schild mich umgibt. Beim Kopf angekommen, visualisiere ich die Lichtquelle über mir noch einmal als riesengroße Sonne, glitzernde Discokugel, verdammte Edison-Glühbirne oder sonst was. Meine Haltung verändert sich, ich fühle mich strahlend und selbstbewusst und entschlossen. Das Coole daran ist, dass ich angesichts einer Situation, die mir Angst machen könnte, in meinem Ei sitzen und zusehen kann, wie der Stress wie Regen an einer Fensterscheibe daran herunterläuft. Es ist wunderschön zu sehen, dass ich in Sicherheit bin und das Selbstvertrauen habe, meinen Weg zu gehen, dass ich mein Handeln und meine Reaktionen unter Kontrolle habe – und kein Spielball fremder Negativität bin. Jedenfalls ist dieses Ei blau, und das hat seinen Grund. Es sieht genauso aus wie bei der guten Hexe Glinda, und auch du kannst einen solchen Schild haben. O je! Da behaupte ich, ich würde dir ganz konkrete Beispiele geben, und dann erzähle ich dir, dass du etwas komplett Imaginäres und Schräges in der Öffentlichkeit machen sollst. Ich bin unmöglich.

## Violett

Alice Walker hat Shug Avery einst sagen lassen: »Ich glaub, es stinkt Gott, wenn du irgendwo in einem Feld an der Farbe Lila vorbeigehst und sie nich siehst.« Shug weiß ganz genau, was Sache ist. Es ist nicht meine Art, mich an eine Sekte oder einen Kult zu binden, aber wenn es unbedingt sein muss, könnte man mich durchaus als Shug-Averistin bezeichnen. Ich finde ihre Ansichten über Gott sehr passend, aber bei der Farbe Lila trifft sie den

Nagel auf den Kopf, wie der Titel des Buches nahelegt. Die Farbe Violett wird in der Magie für die Erkenntnis, als Symbol für Würde und Größe verwendet. Sie befindet sich am Ende des für das menschliche Auge sichtbaren Farbspektrums und dient deshalb auch als Sinnbild oder zur Beschwörung für ein höheres spirituelles Bewusstsein.

Die Farbe Violett wird dem Stirnchakra bzw. dem »Dritten Auge« zugeordnet. Es entspricht der Zirbeldrüse, die sich ein kleines Stück hinter und oberhalb der Augen befindet. Die Zirbeldrüse trägt die Hauptverantwortung für die Produktion von Melatonin – dem Hormon, das die Schlafphasen regelt. Biologisch gesehen, besitzt die Zirbeldrüse die Eigenschaften eines lichtempfindlichen Organs, obwohl sie kein direktes Licht empfängt, weil sie *mitten im Kopf* sitzt. Dennoch produziert sie abhängig von der Menge der eingehenden Lichtinformationen unterschiedliche Mengen an Melatonin. Das erklärt, warum sie auch als inneres Auge bezeichnet wird. Yogis, Spiritisten und Esoterikfans glauben, dass in der Zirbeldrüse der Verstand (das individuelle Bewusstsein) und das Göttliche (das universelle Bewusstsein) aufeinandertreffen oder überlappen. Deshalb verwenden viele Hexen die Farbe Violett, wenn sie meditieren, die »höheren Mysterien« kontemplieren und supercoolen mystischen Gedanken nachhängen.

## Wie sieht das konkret aus?

Du kannst eine Meditation über die Farbe Violett machen, bei der du einfach ein- und ausatmest, zur Ruhe kommst und an die Farbe Violett denkst – wenn überhaupt. Es kann aber auch eine aufwändig inszenierte halluzinogene Reise sein ... mit Fremden ... in einem Loft. Einige Hexen unterstützen mit der Farbe Violett (Öle, Räucherwerk, Kristalle und so weiter) übersinnliche Fähigkeiten, Visionen oder die göttliche Inspiration visionärer Ideen.

## Juppi und Lila

Die violette Farbe gehört zum Planeten Jupiter (mehr dazu in Kapitel 5). Dieser Aspekt wird für Wachstumszauber genutzt, um die Anerkennung einer höheren Autorität oder der eigenen Gruppe zu bekommen, auch um den Aufstieg innerhalb eines Ordens oder einer Hierarchie zu schaffen. Ich habe einmal eine violette Kerze für eine Dame präpariert, die alles getan hatte, um befördert zu werden. Sie hatte sich diese Beförderung wirklich verdient. Sie fand die Kraft, ihrem Wunsch Ausdruck zu verleihen, überstand die Verhandlungen und brachte alle dazu, ihre Beförderung zu unterzeichnen. Trotzdem ließ man sie zappeln. Es hieß, man warte noch auf Gelder. Sie wollte Hilfe beim Aufstieg in eine Position, in der ihre Talente gewürdigt wurden – wo immer das auch war. So sei es, Süße!

# Braun

Die Farbe Braun steht für unsere Erde, für den Boden mit seinem fruchtbaren Geheimnis. Vielleicht steht die Farbe Braun deshalb, oder weil alle Lebewesen irgendwann einmal zu Humus zerfallen, in einigen magischen Systemen für Gerechtigkeit. Nicht im Sinne der menschlichen Gesetze, die so unbeständig sind und so willkürlich vollstreckt werden, dass das mit wahrer Gerechtigkeit nichts zu tun hat; sondern im idealen Sinne des großen Gleichmachers, der Vorstellung vom Tod, in dem wir alle gleich sind, im Sinne einer umfassenden Gesamtheit, die wahrer Gerechtigkeit zugrunde liegt – dass wir auf diesem Planeten alle im gleichen Boot sitzen. Die Tatsachen sind diese: Wir stecken in einer Hülle aus fehlbarem braunem Fleisch, brauchen die braune Fruchtbarkeit der Erde als Grundlage für unsere Nahrung und faulende braune Materie, damit der Boden lebendig bleibt und Leben erhält. Das gilt für alle Menschen. Die Farbe Braun hält dich und mich am Leben, obwohl wir uns dessen vielleicht gar nicht bewusst sind. Ihre braune Energie tut, was auf irdischer Ebene nötig ist, ohne eine große Sache daraus zu machen. Jeder von uns hinterlässt braune Häufchen, blutet, verliert braune Haare und Zellen. Indem wir diesen Prozess respektieren, ihn würdigen und dankbar dafür sind, können wir Erdung finden – einer der nützlichsten Aspekte der braunen Farbmagie. Im Übrigen bin ich mir ziemlich sicher, dass man nur so ein glückliches Leben führen kann.

Einigen von uns fällt es schwer, sich zu erden und geerdet zu bleiben. Was sollen wir tun? Mit Händen und Füßen in der Erde buddeln? Jeden Tag unser Frühstück essen? Wandern gehen? Unser eigenes Brot backen? Sag Bescheid, wenn du's rausbekommen hast.

# Schwarz

Kommen wir zur schwarzen Magie. *Hach, wie gruselig!* Hör bloß auf damit! Du lieber Himmel, du machst mir Angst! Einige Kunden im Laden benehmen sich komisch, wenn sie die schwarzen Kerzen nur sehen oder anfassen. Es ist schon lustig. Wie es scheint, glauben gerade diejenigen, die angeblich nicht das Geringste mit Magie am Hut haben, am meisten an die unheilvolle Kraft eines Gegenstands, der nichts anderes ist als ein schwarzes Wachsding mit einem Docht in der Mitte. Liebe Leute, auch diese Kerzen sind nur Wachs. Das Wachs wurde in einer Fabrik in Brooklyn gefärbt und gegossen, die Crusader, also »Kreuzfahrer«, heißt. Ironisch, nicht, wenn man bedenkt, dass es die Kreuzzüge nur deshalb gab, weil die ganze Welt – oder zumindest der Teil von ihr, den diese Ignoranten kannten – unbedingt den gleichen Gott auf die gleiche Weise verehren sollte, und die Crusader-Kerzen jetzt heidnischen Zwecken dienen. An dieser Stelle kannst du ein schadenfrohes Hexenkichern einfügen.

Wie wir nach der kleinen naturwissenschaftlichen Lektion oben wissen, absorbiert die Farbe Schwarz das gesamte Spektrum des Lichts. Sie reflektiert nichts zurück. Daraus folgt die magische Logik, dass Schwarz andere Energien absorbiert und neutralisiert. Die Farbe Schwarz in ihrer unermesslichen Weite wird den äußersten Grenzen, dem Unbekannten und dem Tod zugeordnet. Die Angst vor dem Tod und der Beschäftigung damit ist eine der hartnäckigsten Schwächen der Menschheit.

Aber offenbar hat jeder so seine Vorstellungen von schwarzer Magie. Sogar Leute, die sonst keine Ahnung haben, sind fest davon überzeugt, dass Hexen mit schwarzen Kerzen schändliche Dinge tun. Stimmt ja auch. Ein paar Hexen verwenden schwarze Kerzen, um ihre fiesen Absichten voranzutreiben und mit der ihnen innewohnenden Kraft und Energie andere Menschen zu manipulieren und zu verwünschen. Ich bin nur ungern die Überbringerin schlechter Nachrichten, aber manche Menschen sind leider Idioten. Und ein paar davon sind Hexen. Es gibt Leute, die nutzen jedes noch so kleine Fitzelchen Macht, um anderen wehzutun. Sie nutzen ihre körperliche Macht, die Macht der Manipu-

lation oder des Rückzugs – eigentlich alles, was sich gerade an-
bietet – in dem irrgeleiteten Bestreben, sich dadurch vollständig
zu fühlen. Hexen sind da nicht anders. Einige bündeln ihre Negativität mithilfe schwarzer Farbmagie für grausame Zwecke, wie
die entsprechenden Horrorfilme zeigen. Doch wenn du weißt,
was du tust, kannst du schwarze Kerzen und Gegenstände durchaus konstruktiv nutzen.

## Du willst Beispiele? Kannst du haben!

Die Farbe Schwarz ist dem Planeten Saturn zugeordnet. Er erteilt
uns die wichtigen Lektionen im Leben, um die wir uns lieber drücken würden. Damals, als es noch keine Teleskope gab, war Saturn der am weitesten entfernte Planet, den man mit bloßem
Auge erkennen konnte. Das machte ihn zum Symbol für die äußersten Grenzen, den Rand des bekannten Universums (mehr
dazu in Kapitel 5). Deshalb dient Schwarz dazu, Grenzen zu setzen. Äußerst nützliche und gar nicht böse schwarze Zauber lassen sich mit dem Master Key Oil wirken, einer alten Formel aus
dem Hoodoo (die Rezepturen dafür variieren), mit der du Wil-
lenskraft und Disziplin stärken kannst, um dich selbst zu bremsen. Du könntest es in einen Abnehm- oder Diätzauber integrieren, um dich neuen Gewohnheiten zu verpflichten.

Du bist auf der Suche nach einem weiteren moralisch unbe-
denklichen schwarzen Zauber, den du mit einem Minimum an
Aufwand, Höllenfeuer und ewiger Verdammnis wirken kannst?
Hier mein Favorit namens: »Mach dir nichts vor!« Diesen Zauber
habe ich mir selbst ausgedacht. Du brauchst:

- einen schwarz gerahmten Handspiegel; das muss nichts Besonderes sein (versuch's mal im 1-Euro-Laden)
- einen schwarzen Permanentmarker
- eine billige Buchstabenschablone (wie sie die Kinder in der Schule verwenden)

Lass dir genügend Zeit, um mit Schablone und Marker die folgende zeitlos wichtige Erinnerung auf den Spiegel zu schreiben: MACH DIR NICHTS VOR. Bei mir sieht das so aus:

Du musst dich dabei ganz stark konzentrieren und darfst es auf gar keinen Fall vermasseln. Kleiner Scherz am Rande! Fehler lassen sich jederzeit mit Reinigungsalkohol korrigieren. Wir haben es hier mit einem Zauberspiegel zu tun und das, wozu er dient, wird in Hexenkreisen *Kristallomantie* (oder Kristallsehen) genannt. Bei dieser Form des Wahrsagens oder der Divination starrt man entrückt und meditativ auf eine reflektierende Oberfläche, notiert und interpretiert alle Gedanken, die dabei auftauchen. Dieser Zauber dient dazu, Kontakt mit jenem Teil von dir aufzunehmen, der sich davor hüten würde, wie ein Trottel hinter Menschen herzudackeln, die dich nur ignorieren; dem Teil, der nicht zulässt, dass man dich geringschätzt, unterschätzt oder dir übel mitspielt. Diese Grenze gilt zuallererst in deiner Beziehung zu dir selbst. Schau in den Spiegel, wenn du eine Erinnerung brauchst.

· · · · · · · ·

# Weiß/Grau/Silber

## Weiß ist die Farbe der Hexen

Du kannst die Farbe Weiß für alle magischen Vorhaben verwenden. Da in weißem Licht alle Farben enthalten sind, kannst du mit Weiß all deine Ziele fördern – wenn du nichts anderes zur Hand hast oder nichts anderes verwenden willst. Weiß eignet sich für Geldmagie, Haussegen, Fruchtbarkeit. Für wirklich alles. Abgesehen von seiner Allzweckdienlichkeit wird es vor allem für Reinigungs-, Heil- und Auflösungszauber verwendet, es wird mit spiritueller Reinheit, körperlicher Gesundheit und Vernunft in Verbindung gebracht. Aber das weißt du längst, da Muslime, Juden, Christen, Wiccaner und Leute, die Santería und Voodoo praktizieren, Sikhs, Hindus, Buddhisten und Zoroastrier die Farbe Weiß mit Reinheit und Wiedergeburt assoziieren. Wunderbarerweise sind wir uns da alle einig. Weiß ist die Farbe des Eingeweihten oder Novizen und steht für das unbeschriebene Blatt.

Die Farbe Weiß wird dem kühlen, verträumten und ätherischen Mond zugeordnet. Auch Silber ist eine lunare Farbe. Sie eignet sich für Schutzzauber und dazu, sich in die lunare Schwingung der Weiblichkeit zu versetzen, die immer im Wandel, immer im Fluss und deshalb so rätselhaft ist. Die Farbe Grau unterstützt Mondzauber zum Ausgleich oder zur Neutralisierung schwankender Energien, da sie eine Mischung aus Weiß und Schwarz ist.

Wir sind jetzt auf der anderen Seite des Regenbogens angekommen und konnten unterwegs hoffentlich ein paar Dinge beweisen: Erstens, dass die Praxis der Magie Assoziationen nutzt, die uns längst vertraut sind, damit aber eine Absicht verfolgt. Zweitens, dass die Farben und die damit verbundenen Vorstellungen wesentliche Elemente der Magie und der Rituale sind. Ich habe hier nur einen kleinen Teil der unzähligen Verwendungsmöglichkeiten der Farben in Ritualen vorgestellt. Aber wenn ich es richtig gemacht habe, weißt du jetzt ein wenig genauer, wonach du bei deinen weiteren Recherchen und Experimenten suchst. Trau dich!

# DIE MAGISCHE APOTHEKE

# KAPITEL 3

# Wachswerk, oder: Kerzen

Die Anfertigung von Wunschkerzen ist unser Hauptgeschäft bei Enchantments. Im Grunde werden sie seit 1982 auf die gleiche Weise hergestellt, obwohl sich einige Siegel, Öle und Standardverfahren im Laufe der Zeit weiterentwickelt haben. Einen Kerzenzauber bekommst du aber auch ohne die Hilfe einer Hexe aus unserem Laden hin. Sag das bloß nicht weiter! Aber es stimmt. Du brauchst nicht mehr als eine klare, wohlüberlegte Absicht, ein Symbol, das für diese Absicht steht, sowie eine Kerze in einer passenden Farbe und Größe. Öle zum Salben, handgemachtes Räucherwerk, Eisenspäne, Honig, zerstoßene Kräuter und Glitzer sind ebenfalls erlaubt und werden gerne verwendet. Sie sind für einen erfolgreichen Kerzenzauber aber nicht unbedingt erforderlich. Jetzt hast du Lust bekommen, stimmt's?

Die Kerzenmagie ist eine wunderbare Möglichkeit, deine Absichten Wirklichkeit werden zu lassen. Und sie eignet sich besonders gut, um dir zu zeigen, wie sich die verschiedenen magischen Elemente, die wir bereits besprochen haben, in einem Gegenstand verbinden lassen. Los geht's!

# Schritt 1: die Absicht

Um nichts Unüberlegtes zu tun, müssen wir uns zunächst dem wichtigsten Aspekt deiner Zauberkerze widmen: der Intention, die du damit verfolgst. Worauf willst du dich mit dieser wunderbaren Konzentrationshilfe fokussieren? Da dies die schwierigste Frage ist, musst du sie zuerst stellen. Nimm dir Zeit, um das gewünschte Ergebnis zu visualisieren. Wenn dir zu viele Dinge auf einmal einfallen und du dich schlecht entscheiden kannst, empfehlen die Hexen bei Enchantments meist einen Auflösungszauber. Das ist eine wirkungsvolle Methode, um Blockaden und Verwirrung zu beseitigen. Wenn dir rein gar nichts einfällt, empfehle ich eine Andachtskerze oder eine Kerze, um für das zu danken, was du bereits besitzt. Dankbarkeit ist das Einzige, wovon man nie genug haben kann, stimmt's? Deshalb werde ich alle weiteren Schritte am Beispiel einer Dankeskerze für Vollmond erklären.

· · · · · · · · · · ·

## ZAUBERHAFTE ANFÄNGE

In den 1970er-Jahren eröffneten die beiden Hexer Herman Slater und Eddie Buczynski den Laden The Magickal Childe in Chelsea. Dort gab es alte Bücher, Talismane und solche Sachen. Er diente als Treffpunkt für die immer weiter wachsende Gruppe der »magischen Kinder« der Stadt, beherbergte mehrere ineinandergreifende Zirkel und war – du lieber Gott und liebe Göttin! – der Ursprung von jeder Menge Klatsch, Intrigen und Dramen unter besagtem magischem Volk. *Bull of Heaven* heißt die Biografie der schrägen Ladengründer. Sie schildert die Entwicklung des magischen Lebens in New York City in seinen unterschiedlichen Ausprägungen und berichtet

· · · · · · · ·

*sehr* detailliert über das Hin und Her zwischen verschiedenen In- und Outgroups, ihre Unterschiede sowie die Splitter- und Reformationsprozesse der Coven und Organisationen in einer Zeit, als eine Welle von spirituellem Interesse durch die Stadt schwappte.

Damals praktizierten noch viele Hexen heimlich im Himmelskleid (also nackt) in ihren Vorstadtgärten. Obwohl Eddie nach allem, was man so hört, treu, gelehrt und charismatisch war, gelang es ihm nie, von seiner Hohepriesterin und seinem Hohepriester die Erlaubnis zum »Schwärmen« zu bekommen, also einen eigenen Coven zu gründen. Möglicherweise wollten sie nicht, dass ihre Tradition mit schwulen Großmäulern aus der City in Verbindung gebracht wurde, die ein riesengroßes neonfarbenes Pentagramm im Schaufenster hatten. Die Absage inspirierte Eddie dazu, neue Räume, Zirkel und Rituale zu schaffen, die Gemeinsamkeiten mit dem Gardnerischen Wicca hatten, aber auch Farbigen und Homosexuellen Platz boten. Sie hatten damals keinen Zugang zu diesen Hexentraditionen. Für die magischen Freaks in ihren Capes war The Magickal Childe Laden und Clubhaus in einem. (Witzig zu wissen: Hexen lieben Capes! Und zwar ausnahmslos alle. Da kannst du fragen, wen du willst!) Ein paar Angestellte haben sich die Methode ausgedacht, nach der wir heute bei Enchantments unsere Kerzen präparieren und schmücken. Die Siegel, Öle und Standardverfahren haben sich im Laufe der Zeit natürlich weiterentwickelt.

. . . . . . . . . . .

. . . . . . .

# Schritt 2: die Wahl der Kerze

Kommt es auf die Größe an? Wie bei allen magischen Dingen lautet die Antwort: Ja. Nein. Manchmal. Bei der Frage, wie groß die Kerze sein sollte, geht es nicht darum, wie stark dein Zauber sein soll, sondern wie lange du damit arbeiten möchtest. Die Macht deines Zaubers ist direkt proportional zur Kraft deines Willens, nicht zur Größe des Werkzeugs. Du musst entscheiden, wie lange ein bestimmtes Ziel im Fokus deines Willens stehen soll – und danach triffst du deine Wahl. Wenn du eine große Sieben-Tage-Glaskerze verwendest und niemals löschst, wird sie logischerweise ungefähr eine Woche lang brennen. Daher der Name. Das kann hilfreich sein, wenn du deinen Kerzenzauber auf die Mondphasen abstimmen willst, denn eine Woche entspricht genau einem Viertel des Mondzyklus. Bei einem Zauber, den ich mit einer Mondphase verbinde, gehe ich so vor: Wenn ich etwas manifestieren möchte oder wenn ein Aspekt meines Lebens stärker werden soll, wähle ich die erste Zyklushälfte – den zunehmenden Mond (der immer größer und schließlich zum Vollmond wird). So dient mir der Mond als Erinnerung, dass mein Vorhaben seiner Verwirklichung entgegenwächst. Wenn ich einen Aspekt des Lebens loslassen möchte oder er an Bedeutung verlieren soll, kann ich diesen Zauber mit dem abnehmenden Mond verbinden. Dann kann ich zusehen, wie meine Kerze kleiner wird, um zu verschwinden, während die Mondsichel gleichzeitig immer schmäler wird, bis der Himmel dunkel ist. Dies verleiht meiner Absicht eine weitere Resonanzebene. Das macht die Kerzenmagie so vergnüglich und wirksam. Sie bietet vielen Resonanzebenen Platz. Es gibt noch einen weiteren Grund, der für die Verwendung einer Sieben-Tage-Kerze spricht: Ihr Licht scheint auf die Tage, die Sonne, Mond, Mars, Merkur, Jupiter, Venus und

Saturn – also der ganzen Bande – heilig sind. Das sind jetzt nicht wirklich alle, aber eine hübsche Auswahl. In den meisten mystischen Traditionen wird den Wochentagen eine Bedeutung zugeschrieben. Warum also sollte die Überlegung, dass sieben Tage alle Aspekte abdecken, nicht auch für dein aktuelles Vorhaben gelten?

Aber was, wenn dir eine etwas zügigere Lösung vorschwebt? Dein Wunsch wird erst freigesetzt, wenn die Kerze vollständig abgebrannt ist, und manchmal bist du mit einer Kerze, die an einem Abend runterbrennt, besser bedient – einem Opferlicht oder einer Spitzkerze zum Beispiel. Unabhängig davon, für welche Größe du dich entscheidest, musst du die Brandschutzregeln beachten! Wie gesagt, sollten brennende Kerzen auf freien Flächen und weit entfernt von entflammbaren Materialien stehen. Falls dir nicht wohl dabei ist, dass in deiner Abwesenheit eine größere Kerze brennt, hast du mehrere Möglichkeiten: Du kannst sie erstens ausmachen und wieder anzünden, wenn du bereit bist. Auf diese Weise wird es etwas länger dauern, bis sie abgebrannt ist – aber was soll's! So musst du dir zumindest keine Sorgen machen. Du kannst die Kerze aber auch ins Spülbecken oder in die Badewanne stellen, während du außer Haus bist. So ist sie geschützt und weit entfernt von allem Brennbaren.

Auch bei der Kerzenmagie gilt: Am wirkungsvollsten sind die Hilfsmittel, die du tatsächlich bekommst. Also mach dich nicht verrückt, indem du nach reinen, mit natürlichen Beeren gefärbten Bienenwachskerzen suchst oder meinst, für einen Kerzenzauber bräuchtest du unbedingt einen Hexenladen, wo du die entsprechenden Kerzen bekommst. Du kannst nehmen, was du zu Hause hast oder zufällig in deiner Umgebung findest. In unserem Tante-Emma-Laden gibt es Kerzen im Glas in allen möglichen Farben – mit oder ohne Aufdruck der Heiligen Jungfrau

Maria und des Jesulein. Erst kürzlich habe ich beim Sandwich-holen im Feinkostladen (ein Sub mit Provolone, Salat, Tomate, Jalapeños, Öl, Essig und Senf) eine zauberhafte Kerze in allen Farben des Regenbogens entdeckt. Ich lebe in der besten Stadt der Welt, aber ich kann dir garantieren, dass auch du in deinem Supermarkt oder im 1-Euro-Laden etwas Brauchbares finden wirst: Seelenkerzen, Schabbatkerzen, Chanukkakerzen, Teelich-ter, Opferlichter, Spitz- oder Geburtstagskerzen oder irgendet-was anderes. Das erinnert mich an eine mystische Szene in dem Buch *Anansi Boys* von Neil Gaiman. Da wollen ein paar Leute Magie praktizieren und müssen bei einem Zauber epischen Aus-maßes mit »schwarzen Kerzen« improvisieren, die komisch rie-chen und aussehen wie Pinguine, und ihre Beschwörungen über einem Kessel mit »gemischten Kräutern« sprechen, bei denen es sich um die Kräutermischung aus der hintersten Ecke des Kü-chenschranks handelt. Du kennst doch die Binsenweisheit über das Schenken – dass der Gedanke zählt? Und du weißt, dass das ein ziemlicher Schwachsinn ist? Doch bei der Magie stimmt es! Hier zählen im Grunde nur die geschärfte Aufmerksamkeit und die Absicht. Alles andere – die Kerzen, Farben, Düfte und so wei-ter – soll lediglich deine Absicht unterstützen. Hört sich fast an, als spräche ich von einer Rankhilfe, falls du zu denjenigen ge-hörst, die ganz genau aufpassen. Aber zurück zu unserer Mond-kerze.

Machen wir einen Sieben-Tage-Zauber. Ich verwende eine mondweiße Kerze (siehe Kapitel 2), aber dir ist vielleicht eine graue oder silberfarbene oder gar blaue Kerze lieber. Das ent-scheidet jede Hexe selbst! Der eigentliche Star der Show ist deine Absicht. Doch die Kerze ist echt, man kann sie anfassen und sie brennt und wirkt deshalb etwas unmittelbarer auf die Sinne als der Gedanke an deine Absicht. Beim Kerzenzauber besteht die

Arbeit darin, dass man einen Weg finden muss, diese Absicht mittels der erwähnten Elemente wie Farbe und Form und mithilfe von Symbolen metaphorisch oder metaphysisch mit der Kerze zu verbinden.

## Schritt 3: die Wahl der Symbole

Da wir es mit einem lunaren Zauber zu tun haben, eignet sich der Mond in all seinen Formen gut als Symbol. Du kannst einen Entwurf anfertigen oder die Bildersuche im Internet bemühen. Am Ende dieses Kapitels werde ich mehr über die Gestaltung eigener Sigillen sagen. Aber vorläufig sollte dieses Symbol der dreifaltigen Göttin genügen:

Im Neopaganismus stellt es die Göttin in ihren drei Phasen dar: Jungfrau (zunehmender Mond: Beginn), Mutter (Vollmond: Erfüllung) und Greisin (abnehmender Mond: Ruhe). »In jeder Frau und jeder Gestalt der Göttin sind immer alle drei enthalten – sowohl zyklisch als auch simultan«, schreiben Janet und Stewart Farrar, die Autoren der *Hexenbibel*. Dies wird von einem Großteil des modernen Wicca-Kanons bestätigt. Aber lass nicht zu, dass diese Metapher für die weibliche Biologie den Nutzen des Symbols schmälert. Es kann allen Menschen helfen – unabhängig von ihren Körpern.

Und wie übertragen wir das jetzt auf die Kerze? Wenn deine Kerze nicht in einem Glas klebt, kannst du sie herausnehmen und dein Symbol in die Seite ritzen. Bei Enchantments verwenden wir dazu ein stumpfes Messer oder Schnitzmesser. Das Ergebnis sieht hammermäßig aus, aber man muss ein wenig üben. Letzten Endes hängt es von deiner Zeit, deinen Gedanken und deiner Energie ab, was die ganze Sache wert ist. Streng dich an! Wenn du die Kerze nicht aus dem Glas bekommst, kannst du das Symbol auch mit Permanentmarker aufmalen.

# Schritt 4: das Salben

Das Wort »salben« ist ein düstere Ahnungen weckendes Synonym für einölen. Man könnte auch eincremen sagen. Du reibst die Kerze mit einem Öl ein, das zu deinem Vorhaben passt. Dies wäre ein geeigneter Zeitpunkt, um dein Hexen-Kräuterbuch (oder das Hexen-Internet) zurate zu ziehen und herauszufinden, welche Pflanzenextrakte und Düfte deinem Vorhaben entsprechen (mehr dazu in Kapitel 4). Was für ein Glück, dass wir einen Mondzauber planen und ich zufällig ein wenig Kokosöl in der Küche habe, das Mondgottheiten heilig ist, wie es in der *Enzyklopädie der magischen Kräuter* von Scott Cunningham heißt. Also nehmen wir Kokosöl. Du kannst es auch mit Olivenöl versuchen, wenn gerade nichts Wohlriechenderes greifbar ist. Nimm ungefähr einen Teelöffel von deinem Öl (für eine kleine Kerze brauchst du entsprechend weniger) und reibe es in alle Vertiefungen, die du in die Kerze geritzt hast. Jetzt brauchst du noch ein wenig Glitzer oder buntes Pulver aus zerstoßenen Kräutern oder getrockneten Blütenblättern (mach dich schlau, was du verbrennen kannst, ohne deiner Gesundheit zu schaden). Massiere es in die öligen Furchen des Symbols. Ich verziere meine imaginäre Mondkerze mit silberfarbenem Glitzer, du kannst aber auch pulverisierte Lavendelblüten oder etwas anderes nehmen. Falls du deine Sigille auf das Glas gemalt hast, kannst du ein paar Tropfen Öl und einen Hauch Glitter oben auf die Kerze geben, wenn du möchtest. Das Endergebnis sieht dann so oder so ähnlich aus. Ich finde die Kerze echt gelungen:

## KERZENSTÄNDER – EINFACH SELBST GEMACHT

Falls du keinen passenden Kerzenständer für die Kerze hast, die du gleich entzünden wirst, kannst du dir einen basteln. Nimm den Deckel eines Schraubdeckelglases. Drücke von außen einen Reißnagel hinein, sodass er den Deckel vollständig durchbohrt. Wenn du den Deckel jetzt umdrehst, hast du einen praktischen kleinen Dorn zum Befestigen der Kerze und einen genialen kleinen Untersetzer, der das herablaufende Wachs auffängt.

# Schritt 5: die Vorbereitung des Glases

(Du musst nicht unbedingt eine Glaskerze verwenden. Du kannst die folgenden Gegenstände auch in beliebiger Kombination auf deinem Altar oder um deine Kerze herum arrangieren.)

Einige Kerzenmagierinnen und -magier nutzen das Glas als Behältnis für mehr magische Zutaten, als man in den Zauber selbst packen kann. Es folgt eine Auswahl der Dinge, die wir gewöhnlich hineingeben:

- Etwas **Metallisches**. Im Laden verwenden wir Eisenspäne. Das sind Sägespäne aus Metall, die leicht zu magnetisieren sind. Würdest du am Strand mit einem Magneten durch den Sand fahren, würden kleine Fusseln daran hängenbleiben. Das sind winzige Eisenteilchen. Wir geben eine Prise davon unten ins Glas. Die Vorstellung dahinter ist, dass wir damit wie mit einem Magneten Energie anziehen. Wenn ich keine Eisenspäne habe, lege ich einen Magneten oder Magnetstein (einen natürlichen Stein mit magnetischen Eigenschaften) neben die Kerze. Manche Leute geben Kleingeld ins Glas, um eine Magnetwirkung zu erzielen. In der Währung und der Zahl, die einer Gottheit heilig ist (zum Beispiel Kupfermünzen für Oshun, Venus oder Merkur), kann es auch eine Opfergabe sein. Ich werde einen einfachen runden Magneten von meinem Kühlschrank neben unsere Mondkerze legen.
- Eine **süße Opfergabe**. Dieses Opfer ist ein Geschenk. Eine Geste guten Glaubens. Eine Einladung an die Süße des Lebens. Wir nehmen dazu einen Tropfen Honig oder Melasse. Wenn du eine bestimmte Gottheit mit deiner Kerze ehren willst oder etwas anderes im Sinn hast, kannst du

auch ein anderes süßes Opfer darbringen, das deinem Vorhaben angemessen scheint. Es ist gängige Praxis, die Opfergabe zu kosten. Diese Geste soll sicherstellen, dass du nichts opferst, was du nicht selbst verzehren würdest. Ich werde ein paar Tropfen Honig für unsere Kerze verwenden.

• **Räucherwerk.** Du kannst eine handgemachte Räuchermischung besorgen oder herstellen. Wir nehmen einen kleinen Löffel davon, lassen die Mischung kurz anbrennen und kippen das glimmende Häufchen ins leere Kerzenglas. Anschließend legen wir einen kleinen Teller obenauf, um den Rauch zu fangen. Ein solcher mit Rauch gefüllter Zylinder ist eine spannende und zauberhafte Angelegenheit. Richtig lustig wird es aber erst, wenn du die präparierte Kerze in das rauchgefüllte Glas plumpsen lässt und eine entzückende Rauchwolke entweicht. Einen ähnlichen Effekt kannst du mit einem Räucherstäbchen oder anderem Räucherwerk erzielen, wenn du das Glas verkehrt herum über die Rauchschwaden hältst – selbstverständlich bevor du die anderen Gaben hineingibst! In diesem Fall ist die Rauchwolke zwar nicht ganz so schön, aber das macht sie nicht weniger magisch. Versprochen. Mein Rezept für eine Mondräuchermischung enthält Wermut und Kampfer. Wermut dürfte dir wegen seiner Glanzrolle in der angeblich halluzinogenen Spirituose Absinth, Kampfer als Wirkstoff in Mottenkugeln ein Begriff sein. Ich glaube, die Kräuter werden wegen ihres schwindelerregenden und irgendwie medizinischen Geruchs mit dem Mond in Verbindung gebracht. Es ist eine betörende Mischung. Allerdings habe ich gerade weder Absinth noch Mottenkugeln, dafür aber meine Lieblingsräuchermischung mit japanischem Grüntee im Haus.

· · · · · · · ·

Ich weiß nicht, ob sie besonders lunar ist. Aber ich werde sie trotzdem verwenden, weil sie kühl, bezaubernd und harmonisch ist und frisch und sauber riecht.

# Schritt 6: mit Energie aufladen

Deine Kerze ist fertig, und es ist Zeit für ein paar erklärende Worte. Da niemand den Laden verlässt, ohne mehr oder weniger zufällig eine Variante davon mitzubekommen, bekommst du jetzt meine Version zu hören.

Wir empfehlen, ein Salzbad zu nehmen, bevor du mit dem Aufladen deiner Kerze beginnst (also damit, deine Energie hineinfließen zu lassen). Du kannst Meersalz, Bittersalz, grobes Steinsalz oder jedes andere Salz verwenden, das du zu Hause hast. Falls du keine Badewanne besitzt, kannst du ein wenig Salz in einer Tasse oder Schale mit Wasser auflösen und dich damit besprengen. Du kannst auch ins Meer hüpfen. Das rituelle Salzbad soll dich energetisch reinigen – es ähnelt dem Händewaschen vor dem Essenkochen. Es soll dafür sorgen, dass keine fremde Energie von deiner letzten Beschäftigung an dir haftet und in deine nächste magische Aufgabe fließt.

Nun lädst du deine Kerze auf. Damit ist gemeint, dass du die Energie in deinem Inneren auf diesen Symbolgegenstand überträgst. Du musst dein ureigenes Mojo in die Kerze fließen lassen (die – wie wir uns alle noch einmal erinnern – nur ein Stück Wachs mit einem Docht ist), um sie mit deiner Absicht zu verbinden. Manche Leute setzen sich neben die Kerze und notieren, welche Absicht sie damit verfolgen, manche tanzen nackt damit durch den Raum, andere meditieren still und wieder andere singen verrückte uralte Madrigale. Jedem Tierchen sein Pläsierchen.

Einer meiner magischen Lieblingstricks ist es, Liedtexte nach Zeilen zu durchforsten, die bei einem Zauber als Beschwörungsformel dienen können. Wenn ich den passenden Song gefunden habe, spiele ich ihn in Dauerschleife und springe in der Wohnung herum, bis ich das Gefühl habe, das ganze Universum und alle meine Nachbarn haben es kapiert. Du machst es auf deine Art. Und falls du Schwierigkeiten hast, kannst du dich von Frank Sinatra und »My Way« inspirieren lassen. Pfui Teufel. Das ist ein schreckliches Beispiel, aber du weißt schon, was ich meine.

# Schritt 7: das Entzünden der Kerze

Sobald die Kerze aufgeladen ist – und wenn es so weit ist, wirst du es wissen –, kannst du sie anzünden. Falls sie ausgeht oder von deiner kleinen Cousine ausgepustet wird, weil das »Teufelszeug« ist, ist das nicht weiter schlimm. Du erinnerst sie einfach an ihre Aufgabe und zündest sie erneut an. Lass sie vollständig herunterbrennen – egal, wie lange das dauert. Du kannst sie auch nur einmal die Woche oder einmal im Monat anzünden. Das spielt keine Rolle. Aber es ist nicht gut, wenn man einen Zauber nicht zu Ende bringt. Was nicht heißen soll, dass du dann in eine Höllendimension stürzt. Aber es widerspricht dem Zweck der Übung. Wie oben, so unten! Wenn du deine Vorhaben nicht zu Ende bringst, wie kannst du dann erwarten, dass dein Zauber richtig wirkt?

Das Wichtigste ist, dass du es eigentlich nicht vermasseln kannst. Es geht um dich und deine Absicht. Wenn du in der »falschen« Mondphase mit einer Kerze in der »falschen« Farbe arbeitest, wird nichts Schlimmes passieren. Schlimme Dinge passieren, weil du genau wie alle anderen Menschen sterblich bist und auf der Erde lebst und das zum Leben einfach dazugehört. So wie die guten Dinge, denen wir mit unseren Taten und Absichten hin und wieder ein wenig auf die Sprünge helfen können. Das ist Magie.

· · · · · · · · · · ·

## KAPITEL 3½: SIGILLEN-TUTORIAL

Wie also bündelt man seine Absicht in einem Symbol? Eine gute Frage, auf die Grant Morrison in seinem Essay »Pop Magic!« eine wunderbare Antwort gibt. Ich hege gewisse Zweifel, ob ich versuchen sollte, den Text hier mit eigenen Worten zusammenzufassen. Aber da Morrison darin seinerseits die Methoden eines Magiers namens Austin Osman Spare erläutert, werde ich meine Rolle als weiteres Glied in der zauberhaften Telefonkette akzeptieren.

Sigillen sind magische Symbole, in denen die Absicht eines Magiers steckt. Alle Buchstaben oder Glyphen, die ein Gesamtkonzept zum Ausdruck bringen, können als Sigillen oder als Teil von Sigillen verwendet werden: Runen aus den nordischen Traditionen, asiatische Schriftzeichen (Hanzi, Kanji und Hanja), die Buchstaben zum Schreiben von hebräischen Wörtern oder Wörter aus dem Sanskrit. Oft werden weitere aussagekräftige Formen und Strichzeichnungen wie Strichmännchen, Herzen, Sterne, Hufeisen und andere Glückssymbole in die Sigillen eingebaut oder eigenständig verwendet. Wenn jemand zum Beispiel Erdung braucht, kann er das Sanskritsymbol für das Wurzelchakra in eine dunkelrote Kerze stanzen, und die Sache ist geritzt. Er kann auch eine braune Kerze mit einem Symbol verzieren, das den Wurzeln eines Baums ähnelt. Geht es dagegen um den individuellen Wunsch einer wählerischen Hexe, zahlt es sich manchmal aus, eigene Sigillen zu entwickeln.

Dieser Prozess bedient sich eines der ältesten und mit einer besonders großen alchimistischen Verwandlungskraft ausgestatteten magischen Werkzeugtrios: Stift, Papier und Wort. Ich schlage vor, du setzt dich gleich mal hin und schreibst einen Brief an dich selbst. Darin schilderst du, wie du überhaupt auf die Idee kommst, dass du eine Kerze brauchen könntest. Versuche, der Sache auf den Grund zu gehen und herauszufinden, was du wirklich willst. Notiere so viele konkrete Details wie möglich. Die Beschreibung sollte sehr genau sein. Wie du noch merken wirst, nutzt die magische Energie jedes noch so kleine Schlupfloch, das du offen lässt. Fasse deine Absicht zu einer Art Pitch ans Universum zusammen, um das Ergebnis zu bekommen, das du dir in diesem Zusammenhang wünschst. Üblicherweise beginnt dieser Satz mit den Worten »Ich will« oder »Ich wünsche mir«. Das ist deine Bitte, deine Absichtserklärung. Ein Beispiel: Als mein Lebensgefährte und ich ein Kind bekamen, ging uns auf, dass ein Auto hilfreich wäre, um den Kleinen mitsamt seiner Baby-Ausrüstung durch die Stadt zu bringen. (Wir wohnen in einer Gegend, in der es tatsächlich noch Parkplätze gibt. Ich verrate aber nicht, wo das ist, sonst kommst du und schnappst mir meinen Parkplatz weg.) Leider waren wir völlig pleite, und mein Süßer dachte, dass wir uns nicht einmal dann ein Auto leisten könnten, wenn es keinen Cent kosten und auf magische Weise auftauchen würde. Ich zeichnete trotzdem eine Sigille. Seit der Mensch Werkzeuge benutzt, verwendet er Sigillen, um seine Wünsche zu versinnbildlichen. Der einzige Unterschied ist, dass wir uns einen tipptopp Minivan wünschten, während unsere Vorfahren Mammuts beschworen. Gleiche Baustelle, andere Höhlenwand.

## ICH WILL EIN AUTO, DAS NICHTS KOSTET

Puh, das Schwierigste ist geschafft. Ich weiß, was ich will. Jetzt muss ich nur noch alle Vokale streichen, sodass eine Konsonantenkette übrig bleibt. Dann streiche ich alle mehrfach genannten Konsonanten, bis die folgende Buchstabenreihe entsteht (bei dir wird das natürlich anders aussehen):

CHWLNTDSK

Diese Buchstaben bekommen nun noch einmal die unbändige Macht meiner Feder zu spüren: Ich ordne und kombiniere, überschneide und spiegle. Ich schlinge die einzelnen Buchstaben wie Schleifen ineinander, bis sie einem eleganten Monogramm ähneln (falls das dein Stil ist), oder mache sie spitz und zackig wie das Logo einer Metal-Band. Du kannst einfach Spaß haben mit dieser abstrakten Kritzelei, bis etwas dabei herauskommt, das irgendwie magisch aussieht. Du wirst wissen, wann du genug herumgefriemelt hast. Dann kannst du aufhören. Das ist deine Sigille!

CHWLNTDSK

Dieses Sigille muss nur eine einzige Anforderung erfüllen: Sie muss krass und magisch aussehen und deine Absicht auf einzigartige Weise bündeln. Ich weiß, ich weiß. Ich würde es auch für Schwachsinn halten, wenn man mir nach genau diesem Zauber nicht einen wunderschönen Minivan angeboten hätte, der tatsächlich kostenlos war und jetzt seine goldenen Jahre bei uns verbringt. Aber wie du weißt, ist nichts ganz umsonst … Du hast jetzt eine Sigille, mit der du glücklich bist. Nun beginnt der vergnügliche Teil: das Aufladen. Du wirst mich in diesem Buch immer wieder davon reden hören. Beim Aufladen tränkst du ein Bild oder einen Gegenstand mit deiner Absicht, damit diese Dinge dir helfen, deine Vision aus deinem Kopf und in dein Auto zu bekommen … Moment mal, diese Zeile stammt von Billy Ocean, und das Lied (»Get Outta My Dreams, Get Into My Car«) ist gruselig. Ich wollte sagen, mit dem Aufladen eines magischen Gegenstands holst du deine Vision aus deinem Kopf in dein Leben. Wir kennen inzwischen ja schon einige Möglichkeiten. Der ekstatische Tanz oder das »Herumspringen«, wie ich es so treffend genannt habe, ist eine meiner Lieblingsmethoden, um Energie für meine Zauber zu erzeugen. Im Grunde kannst du alles, was dir hilft, aus dir herauszugehen, und was dich einen Moment lang vom Strom deiner alltäglichen Gedanken ablenkt, in ein Ritual verwandeln, um einen magischen Gegenstand aufzuladen. Das kann eine Pflanze, ein Kristall, eine Kerze, ein Öl oder etwas ganz anderes sein. Hier zeige ich, wie man Sigillen nach der »Pop Magic!«-Methode auflädt. Es ist nicht die einzige Möglichkeit des ritualistischen Aufladens, aber sie macht so viel Spaß, dass ich sie dir nicht vorenthalten möchte. Dazu übergebe ich an meinen Kumpel Grant Morrison, weil er (a) der Hammer ist, ich (b) superschüchtern bin – wie du inzwischen wissen solltest – und es mir (c) schwerfallen dürfte, eine bessere Beschreibung dessen zu liefern, was er liebevoll die »Wichs-Methode« nennt.

*Mir ist aufgefallen, dass einige Nicht-Magier jedes Mal in nervöses Gelächter ausbrechen, wenn ich das Wort »Selbstbefriedigung« erwähne ... Sei's drum. Die magische Masturbation macht einerseits Spaß und ist andererseits eine ernstere Angelegenheit als die profane Solonummer. Wichtig ist dabei nur eines: Du musst im Augenblick des Orgasmus das Bild der gewählten Sigille vor deinem inneren Auge erstrahlen sehen und in die himmlischen Mediasphären und Logoversen hinausprojizieren, wo sich die Wünsche tummeln und Gestalt annehmen. Du kannst die Sigille auf ein Stück Papier, auf deine Hand, deine Brust oder die Stirn deiner oder deines Geliebten schreiben – oder wo immer sie deiner Ansicht nach die größte Wirkung entfalten wird.*

*Im Augenblick der orgiastischen Explosion blinzelt das Bewusstsein. In dieses Blinzeln, in diesen abgrundtiefen Riss in der Wahrnehmung kann man eine Sigille schleudern ... Doch ... man ändert das Universum nicht einfach dadurch, dass man masturbiert ... Wenn dem so wäre, würde jede vage Fantasie, die wir im Augenblick des Orgasmus im Kopf haben, innerhalb weniger Monate Wirklichkeit. Auf die Absicht kommt es an.*

Aus: Morrison, Grant: »Pop Magic!«, in: Metzger, Richard (Hrsg.): *Book of Lies: The Disinformation Guide to Magick and the Occult*, New York: Red Wheel/Weiser 2014.

Dann mal los! Ich warte solange.

Wenn du die Sigille – ganz gleich mit welcher Methode – aufgeladen hast, musst du sie loslassen. Das heißt, du musst sie beseitigen oder vernichten. Dies ist eine weitere Gelegenheit, dein neu gewonnenes Hexenwissen kreativ einzusetzen und dir eine ebenso originelle wie geeignete Möglichkeit auszudenken, deine Sigille loszuwerden. Da wäre die bereits erwähnte Methode mit dem lodernden Kessel, aber das ist zugegebenermaßen ein wenig dramatisch. Auf der Suche nach Ideen beginne ich meist bei den Elementen und dem, was ich darüber weiß. Erde: Arbeit, Materielles. Luft: Denken. Wasser: Fühlen. Feuer: Wille, Handeln.

Du hast eine Liebessigille gezeichnet, obwohl ich gesagt habe, du sollst es lassen – habe ich recht? (Siehe Kapitel 9.) Natürlich habe ich recht. Tu, was du willst. Aber vergiss nicht, dass dieser Mist wirklich funktioniert. Du könntest die Sigille in fließendes Wasser werfen, was sich bei vielen Wunscherfüllungszaubern empfiehlt. (Sobald der Mensch ein Gewässer sieht, muss er sich etwas wünschen und etwas hineinwerfen: ob Wunschbrunnen, Wunschbrücke oder Springbrunnen im Einkaufszentrum.) Dahinter steht der Gedanke, dass du dir ein wenig Energie für deinen Zauber borgst, indem du deine Absicht von der Strömung ins Ungewisse davontragen lässt. Und ja, die Toilette zählt. Und ja, auch ich habe schon Sigillen im Klo runtergespült. Aber dabei ging es um Haus und Heim. Deshalb fand ich es angemessen, meine Wünsche durch die Leitungen, also gewissermaßen durch die Eingeweide des Hauses zu schicken.

Ein Geldzauber? Da geht's ums Materielle! Du könntest die Sigille vergraben – vielleicht in der Baugrube vor deiner Arbeit oder deiner Bankfiliale. Du bist auf der Suche nach künstlerischer Inspiration? Eine solche Sigille könntest du vom höchsten Punkt des Riesenrads in den Äther davonschweben lassen, wo Ideen Gestalt annehmen wie das Wetter. Vielleicht willst du ein für alle Mal mit einer Sache oder einem Menschen abschließen und entscheidest dich, deine Sigille zu verbrennen, während du dir – zum allerletzten Mal – die Wimperntusche runterheulst und dir das Lied anhörst, bei dem du dir immer die Wimperntusche runterheulen musst. Du kannst voll auf Melodrama machen oder die Sache sehr schlicht halten. Ganz wie du willst. Wenn du die Sigille in eine Kerze ritzt, wird der Zauber durch Feuer freigesetzt. Feuer steht für das Tun und ist eine hervorragende Erinnerung daran, dass dein Handeln deinen Absichten entsprechen sollte.

All das sind nur Vorschläge. Jetzt sieh zu, dass du das Ding loswirst! Und bemühe dich, die ganze Sache eine Weile zu vergessen. Entspanne dich, und lasse es geschehen. *Gut Zauber will Weile haben*, wie man so schön sagt. War nur ein Witz. Das sagt in Wirklichkeit niemand.

· · · · · · · · · · ·

# Lektüreempfehlung

Metzger, Richard (Hrsg.): *Book of Lies. The Disinformation Guide to Magick and the Occult*, New York: Red Wheel/Weiser 2014.

Morrison, Grant: *Superhelden*, Höfen: Hannibal-Verlag 2013.

Lady Reha: *The Enchanted Candle*, North Charleston: Create Space Publishing 1986.

Claire: *Kerzenmagie. Lichtvolle Rituale für jeden Lebensbereich*, München: Heyne 2011. (Anm. d. Ü.)

Lloyd, Michael G.: *Bull of Heaven. The Mythic Life of Eddie Buczynski and the Rise of the New York Pagan*, Hubbardston, MA: Asphodel Press 2012.

· · · · · · · · · · · ·

# KAPITEL 4

# Reden wir über Kräuter, oder: Pflanzen und Mineralien

Im Leben einer jeden jungen Hexe kommt der Moment, in dem sie entscheiden muss, ob sie mit Kräutern experimentieren will oder nicht. Selbst wenn du kräuterwütige Freundinnen hast, lass dir gesagt sein: Du musst nicht mit Kräutern arbeiten, um cool zu sein. Auch wenn Kräutermagie und Kräutermedizin durchaus cool *sind*. Viele Jahrtausende lang waren Medizin und Magie für die Menschen eng verflochten, so etwas wie die Schulmedizin gab es ja noch nicht. Doch bevor wir fortfahren, möchte ich eine wesentliche Unterscheidung zwischen Kräutermedizin und Kräutermagie treffen: Nur wenige hervorragend ausgebildete und lizensierte Pflanzenheilkundler können die Einnahme stärkerer Kräuter in der richtigen Dosierung empfehlen und Warnungen aussprechen. Da ich nicht dazugehöre, fallen die meisten Kräuter und Pflanzen in diesem Kapitel ganz klar in die Kategorie der harmlosen Lebensmittel. Dennoch sind sie meist nur für die äußerliche Anwendung bestimmt. Im Zweifelsfall ist die Außenseite die sicherere Seite.

· · · · · · · ·

Die magischen Eigenschaften oder die *Schwingungen* einer Pflanze sind ihr individueller Ausdruck jener Energie, die alles Lebendige durchdringt. Der süße Geschmack, die auffallende Farbe und die Saftigkeit der Orange bringen ihre Lebendigkeit anders zum Ausdruck als etwa das Grün, die Blätter und der prickelnde Geschmack der Minze. Orange und Minze haben unterschiedliche *Schwingungsfrequenzen*. In der Kräutermagie geht es darum, Kräuter anhand dieser Schwingung in Kategorien einzuteilen und rituell einzusetzen, um bestimmte Absichten zu unterstützen. Das Mischen von Kräuterbestandteilen (Blatt, Rinde, Wurzel, Blüte, Frucht oder ätherisches Öl) ist ein wichtiger Teil des »handwerklichen« Aspekts der Hexenkunst. Alle Öle, Räuchermischungen und Badezusätze und so weiter, die wir im Laden herstellen und die in den Zauberbüchern zu finden sind, basieren auf überliefertem Kräuterwissen. Das sind Geschichten darüber, wie Menschen Kräuter zu magischen Zwecken einsetzen oder früher eingesetzt haben. Man erwirbt dieses Wissen im Lauf der Zeit durch großen Lerneifer und am besten dadurch, dass man bei einer Meisterin oder einem Meister in die Lehre geht. Aber keine Sorge, man kommt auch mit einem Hexen-Kräuterbuch und ein wenig Einfallsreichtum ziemlich weit.

Die Kräuterkunde kann eine komplizierte Angelegenheit sein. Selbst wenn du das große Glück hast, eine Apotheke oder einen Laden mit ätherischen Ölen in der Nähe zu haben, sind die Zutaten für den einen oder anderen Zauber aus einem Buch oder dem Internet manchmal unerschwinglich. Ein Zauber muss aber nicht kompliziert sein, um zu wirken. Du brauchst nur die richtigen Bücher, die dir sagen, welche Pflanzen sich für deine Zwecke eignen. Ein gutes Kräuterbuch ist nützlich, wenn du einen komplexen Zauber wirken möchtest und nach einer Ersatzpflanze mit ähnlicher Schwingung suchst. Solltest du allerdings nur die geringste Ähnlichkeit mit mir haben, wirst du dich über die Eigenschaften der Kräuter, Öle und Blumen informieren, die du bereits im Haus hast, um abzuchecken, ob der gewünschte Zauber auch mit diesen Zutaten gelingen könnte.

Weil ich so ein netter Mensch bin, gebe ich dir eine Liste mit Kräutern und Gewürzen, die ganz einfach zu bekommen sind, mit ihren magischen Eigenschaften und in manchen Fällen sogar mit witzigen Infos. Wenn du weder einen magischen Garten noch eine Apotheke, eine *Botánica* (ein Geschäft für Kräuter, Öle, Essenzen sowie weiteres Zubehör wie Kerzen) oder Hexenladen in der Nähe hast, gibt es vielleicht einen Bioladen, ein Geschäft mit einer großen Auswahl an Tees und ätherischen Ölen, eine Gärtnerei oder einen Blumenladen in deiner Stadt. Sie eignen sich besonders gut für den Erwerb magischer Zutaten. Die Kräuter und Gewürze auf meiner Liste sollten jedoch in jedem Lebensmittelgeschäft erhältlich sein. Denk daran: Die besten magischen Helferchen sind diejenigen, die du auch tatsächlich in die Finger bekommst. Es ist nicht nötig, dich wegen irgendwelcher Narden und Alraunen zu stressen, wenn du sie nirgends findest.

Ich habe gerade mein Gewürzregal, meine Hausapotheke und den Blumenkasten vor dem Fenster nach Zauberzutaten durchstöbert. Dabei habe ich eine Handvoll Dinge entdeckt, die gern in der Küchenmagie verwendet werden und über deren rituellen Nutzen wir sprechen können.

# Chiliflocken

PLANET: MARS
ELEMENT: FEUER

Paprika- und Chilisorten sowie andere scharfe Sachen werden wegen ihrer aktiven und feurigen Schwingung meist dem Planeten Mars zugeordnet. Gelegentlich begrenzen sie den Raum bei einem Auflösungszauber oder beim Bannen von Negativität, die sie metaphorisch verbrennen. (Auch mit schwarzem Pfeffer lassen sich schlechte Schwingungen und Personen mit schlechten Absichten abwehren.) Die Macht des Feuerelements kannst du auch nutzen, indem du Chiliflocken entlang der Außengrenzen deines Heims verstreust.

# Rosen

PLANET: VENUS
ELEMENT: WASSER

Rosen stehen für Liebe und Glück. Mit Rosenknospen in Lebensmittelqualität kannst du einen Tee kochen, der dir prophetische Träume über deine Zukunft in Liebesdingen schenkt. Mit Rosenöl und Rosenparfüm kannst du Liebe herbeiwirken, und Rosenwasser ist ein geeignetes Mittel für die rituelle Reinigung, bevor du mit einem Liebeszauber beginnst. Die stark anziehende Wirkung des Dufts und der Energie von Rosenblättern kann sie außerdem zu einem hilfreichen Bestandteil von Mischungen machen, die Glück bringen sollen.

· · · · · · ·

## Guter Gestank

Im Gegensatz dazu verströmt Asant (auch Asafoetida oder Teufelsdreck) den übelsten Gestank der ganzen Apotheke. Er wird aus einer Art Riesenfenchel hergestellt und meist in Pulverform angeboten. Wir nennen ihn »Arsch-a-foetida«, denn er riecht wie ein stinkendes Hinterteil, das in einer Mischung aus Gewürzen und angesengten Haaren gewälzt wurde. Wegen seines schieren Horroraromas wird Asant für Bannrituale und Exorzismen verwendet. Ganz genau – er riecht so übel, dass sein Gestank sogar das *Böse* beleidigt. Und trotz seines Horrordufts schmeckt er köstlich! Das auch als Hing bezeichnete Gewürz ist fester Bestandteil der vegetarischen indischen Küche. Wenn man es erhitzt, verbessert sich sein Aroma und wird deftig-zwiebelig.

# Kamille

PLANET: SONNE
ELEMENT: WASSER

In Tees oder Räuchermischungen wirkt dieses Kraut beruhigend. Es macht sich – unter uns gesagt – auch gut in Mischungen mit anderen Kräutern, die man rauchen kann. Außerdem ist die Kamille ein angenehmer Badezusatz (man sollte sie aber lieber im Teebeutel lassen, um keine Sauerei anzurichten). Ihr zarter Duft wird dich entspannen. Du kannst mit Kamille zudem die Außengrenzen deiner Wohnung oder deines Hauses schützen und reinigen. Sie entfaltet unabhängig von der Art ihrer Verwendung immer eine besänftigende Wirkung.

# Rosmarin

PLANET: SONNE
ELEMENT: FEUER

Der Duft von Rosmarin ist anregend und aktivierend. Für Rosmarin gibt es viele magische Verwendungszwecke. Er soll sich vor allem für den Schutz auf Reisen eignen. Ein Rosmarinkranz (der einem Blumenkränzlein ähnelt) soll das Gedächtnis stärken, Rosmarintee soll das Denken schärfen, und eventuell ist Rosmarin die perfekte Lernhilfe.

# Zitrone

PLANET: MOND
ELEMENT: WASSER

Die Zitrone zählt streng genommen nicht zu den Kräutern, aber Zitronensaft und Zitronenöl haben eine starke energetische Reinigungsfunktion. Die Zitrone eignet sich, um die Schwingungen von Steinen, Kristallen und allen anderen Gegenständen des magischen Gebrauchs zu klären. Sie ist auch ein starkes Adstringens. Adstringentia sorgen dafür, dass sich die Poren zusammenziehen, und sind deshalb bei der Reinigung der Haut hilfreich. Ich verwende eine aufgeschnittene und mit Salz bestreute Zitrone als schlichtes energetisches Reinigungspeeling in der Badewanne oder unter der Dusche.

# Salbei

PLANET: VENUS
ELEMENT: ERDE

Gemeint ist der weiße Salbei oder indianische Räuchersalbei –
nicht der Salbei, den man üblicherweise im Kräutergarten hat.
Weißen Salbei hast du vermutlich nicht bei dir zu Hause herum-
liegen. Bei mir ist das anders, ich habe immer welchen da, meist
in Form eines Räucherbündels. Das ist ein kleiner Salbeibund,
der aussieht wie eine Zigarre und mit einem Stück Faden zusammengebunden ist. Der weiße Salbei ist in Nordamerika heimisch
und wird wegen der reinigenden Wirkung seines Rauchs in Räu-
cherzeremonien verbrannt. Das sind Rituale zur spirituellen Reinigung. Eine simple Wohnungsräucherung ist nicht ganz das
Gleiche, obwohl die Absichten ähnlich sind.

# Zimt

PLANET: SONNE
ELEMENT: FEUER

Zimt duftet anziehend und hell (Sonne), aber auch anregend und
würzig (Feuer). Zimtöl war in den meisten Kulturen des Altertums heilig: bei den Griechen, Ägyptern, Römern und Juden.
Zum Salben oder Räuchern verwendet, soll es die spirituelle
Schwingungsfrequenz erhöhen. Sein süßes und würziges Aroma
wird oft für Liebeszauber oder als Opfergabe für eine der vielen
Liebesgöttinnen wie Oshun, Aphrodite und Brigid eingesetzt, die
es allesamt köstlich finden.

· · · · · · · ·

# Nelken

PLANET: JUPITER
ELEMENT: FEUER

Du kannst Nelkenpulver verbrennen, damit die Leute aufhören, sich das Maul über dich zu zerreißen. Da siehst du: Ich habe dir originelle Infos versprochen, und ich habe mein Versprechen gehalten! Ob diese Behauptung den Tatsachen entspricht, ist zu bezweifeln. Da Nelkenöl im Mund tatsächlich betäubend wirkt, könnte die Vorstellung daher rühren. Mit tauber Zunge kann man keinen Blödsinn verzapfen. Lass mich wissen, wenn du es ausprobiert hast. Als Jupitergewürz kann die Nelke Wachstums- und Ausdehnungszauber unterstützen, bei denen es auch – aber nicht nur – um deine finanzielle Situation geht.

# Lavendel

PLANET: MERKUR
ELEMENT: LUFT

Ach, Lavendel! Ist es fair, dich zu hassen, weil andere dich so sehr lieben? Ich habe das Gefühl, dass Lavendel in unzähligen Dingen steckt: in Tee, Spülmittel, Keksen, Pulloverschubladen und Schaumbädern. Gibt es noch etwas, wo er *nicht* verwendet wird? In der Magie ist er ähnlich vielseitig. Lavendel findet sich in Mischungen, die Liebe bringen sollen, und in der Renaissance trugen Prostituierte Lavendelparfüm, um für ihre Dienste zu werben. Ironischerweise dachte man damals auch, er könne (zusammen mit Rosmarin) dafür sorgen, dass eine Jungfrau keusch blieb. Eine Assoziation neueren Datums besagt: Lavendel soll Frieden und Entspannung fördern.

· · · · · · · · · · ·

## SPIELEN WIR »NETTE ODER NESSEL«?

### BRENNNESSEL

PLANET: MARS
ELEMENT: FEUER

Die Brennnessel ist ein reinigendes Kraut, das man in der Hand hält oder verbrennt, um negative Einflüsse zu bannen. Nette ist meine Freundin und die Geschäftsführerin von Enchantments. Außerhalb der Apotheke findet man die Brennnessel am häufigsten in Teebeuteln, deren Etiketten inspirierende Sprüche zieren. Außerhalb der Apotheke ist Nette am ehesten dabei anzutreffen, wie sie Scrabble spielt oder beim Tanzen lasziv die Hüften schwingt. Sowohl die Brennnessel als auch Nette stehen mit der Energie des Planeten Mars in Verbindung. Sie sind aktiv (eine Pflanze mit brennender Wirkung gilt als ziemlich aktiv) und haben hervorragende Reinigungseigenschaften – auf eine feurige und ein wenig ruppige Art. Mit den starken, stacheligen Schwingungen der Nessel lässt sich brennende Lust entfachen. Zufällig ist es auch die Lieblingsbeschäftigung unserer lieben Nette, von der du in diesem Buch schon einiges gehört hast und noch einiges hören wirst, das Böse zu bannen und brennende Lust zu entfachen.

· · · · · · · · · · ·

· · · · · · ·

Weniger bekannt, aber durchaus erwähnenswert sind die beiden beliebtesten Räucherharze Weihrauch und Myrrhe. Sie dürften dir von der Babyparty für einen gewissen berühmten Säugling vertraut sein. Sicher weißt du aus dem ersten Kapitel auch noch, dass es sich um getrocknete Harztropfen handelt, die aromatisch duften, wenn man sie verbrennt.

# Weihrauch

PLANET: SONNE
ELEMENT: FEUER

In Büchern ist in Bezug auf Weihrauch meist schlicht von »spirituellen Zwecken« die Rede. Damit sind *alle* spirituellen Zwecke gemeint. Weihrauch reinigt und weiht einen Raum und erzeugt eine erhebende spirituelle Energie bei der Meditation und beim Gebet. Weihrauch bildet die Grundlage vieler magischer Formeln zu Ehren der Sonne und der Sonnengötter. Die alten Ägypter verbrannten bei Sonnenaufgang Weihrauch, um die Rückkehr des Sonnengottes Ra zu feiern.

# Myrrhe

PLANET: MOND
ELEMENT: WASSER

Die Myrrhe bildet den perfekten elementaren Ausgleich zum Weihrauch. Sie dient ebenfalls der rituellen Reinigung und spirituellen Erbauung. Weihrauch und Myrrhe werden häufig gemischt.

· · · · · · · ·

# Salz

PLANET: ERDE
ELEMENT: ERDE

Salz ist mein absolutes Lieblingsmineral. Ich bin verrückt nach dem Zeug. Seine reinigenden und erdenden Eigenschaften machen es zu einem der beliebtesten magischen Hilfsmittel. Reinigung und Erdung sind ganz natürliche Assoziationen, da das Salz aus der Erde kommt. Auch das Meer und unsere Körperflüssigkeiten – Schweiß, Blut, Tränen, Urin, ja sogar das Fruchtwasser, das in der Gebärmutter neues Leben nährt – haben einen gewissen Salzanteil. Der örtliche Lieferant von milchsaurem Gemüse kann dir sagen, dass das Salz in der Lake das Gemüse konserviert und das Wachstum schädlicher Bakterien hemmt. Viele von uns reinigen und befeuchten Augen, Mund und Nasengänge mit einer Salzlösung. Diese alltäglichen, aber nicht weniger wunderbaren Anwendungsmöglichkeiten erklären auch die übliche magische Verwendung von Salz zur Reinigung. Auf einem Altar symbolisiert Salz oft das Element Erde, und man kann damit die Grenzen des eigenen Heims oder jedes anderen Raums markieren, den man weihen möchte. Im Laden raten wir stets dazu, sich zur Vorbereitung auf ein Ritual mit Salz zu reinigen – für gewöhnlich mit einem Bad. Du kannst auch deine Kristalle oder anderen magischen Gegenstände in ein Salzbad legen.

· · · · · · · · · · ·

## APROPOS STEINE:
## WAS MACHE ICH MIT DEM KLUNKER?

- **Reinigen**. Die meisten Leute werden dir erklären, dass du Steine, die du zu magischen Zwecken verwenden willst, vorher unbedingt einer rituellen Reinigung unterziehen solltest. Diese Empfehlung beruht auf der Annahme, dass dein Stein einen langen und verschlungenen Weg zu dir genommen hat, und nach einer langen Reise will man sich eben erst einmal waschen. (Edel-)Steine und Kristalle sind faszinierend – unabhängig davon, ob du damit magische Absichten verfolgst. Wir reden hier von echten Schätzen, und ihre Schätze gibt die Erde nicht so einfach preis. Falls du den Stein nicht selbst gefunden hast, weißt du nicht, woher er kommt und was ihm unterwegs widerfahren ist. Deshalb reinigst du ihn. Die einen legen ihn in die Sonne und zählen auf die reinigende Kraft des Sonnenlichts, um alles Negative zu beseitigen. Die anderen arbeiten mit dem Licht des Mondes. Wieder andere verordnen ein kleines Bad in Salzwasser – sofern es sich um einen Kristall handelt, der sich mit Salz verträgt. Dann gibt es noch diejenigen, die sich eigene Rituale ausdenken, um ihre Steine mit der Kraft verschiedener Elemente zu reinigen: Sie vergraben sie in der Erde, geben sie in ein kleines Netz und hängen sie in fließendes Wasser, fahren damit kurz durch reinigenden Rauch (zum Beispiel Salbei) oder durch eine Kerzenflamme.

- **Aufladen**. Ist dein Kristall erst einmal blitzsauber, empfiehlt es sich, ihn ähnlich wie eine Kerze, eine Sigille, ein Kraut oder einen Talisman mit deiner Absicht aufzuladen. Wie du

· · · · · · ·

bei eigenen Recherchen feststellen wirst, hat jeder Stein verschiedene Funktionen. Es ist deine Aufgabe, ihm mitzuteilen, was er für dich erledigen soll. Das ist eine subtile Angelegenheit. Vielleicht hältst du ihn einfach in deiner Hand und stellst dir dabei vor, wie du den Zustand erreichst, den der Kristall begünstigen soll. Wohlstand. Lieben und geliebt werden. Gesundheit. Frieden und Sicherheit.

- **Verwenden**. Nachdem du deinen Stein seinem Zweck entsprechend aufgeladen hast, kannst du ihn beliebig verwenden – sofern sich die Verwendung mit deinen Zielen deckt. Falls du Liebe anziehen willst, kannst du ihn in die Tasche stecken, wenn du zu einer Veranstaltung oder Party gehst, wo du auf potenzielle Partner triffst. Wenn du eine Kerze entzündest, um Geld anzuziehen, kannst du deinen Altar zusätzlich mit ein paar Steinen in Gold und Grün schmücken. Meine Freundin Caroline hat die megaschönen Illustrationen in diesem Buch gezeichnet. Sie hat mir erzählt, dass sie beim Meditieren gern Steine auf verschiedene Energiepunkte des Körpers legt. Einige Hexen baden mit Steinen (sofern sie nicht giftig sind – da musst du nachsehen). Andere gehen noch weiter und haben Sexspielzeug aus Edelsteinen oder ein sogenanntes Yoni-Ei, das sie … nein … ich bringe es einfach nicht über die Lippen. Ist sicher ganz toll. Vielleicht solltest du's mal ausprobieren. Aber für mich ist das nichts.

· · · · · · · · · · ·

# Kunterbunt gemischt

Eine gut umsetzbare Form der Kräutermagie ist die Herstellung eines Ouangas. Diese Bezeichnung aus dem Voodoo verwenden wir bei Enchantments für die magischen Stoffbeutelchen. Im Hoodoo werden sie Mojo, Mojo-Beutel, Mojo-Säckchen, Conjure Bag, Root Bag, Charm Bag oder Gris-Gris genannt. Du kannst sie nennen, wie du willst, eines aber bleibt immer gleich: Sie sind eine hervorragende Möglichkeit für Neulinge sowie erfahrene Hexen, Kräuter, Steine, Harze, Geschriebenes und andere Gegenstände mit glückbringender oder magischer Resonanz zu einem praktischen transportablen Zauber zu verbinden. Diese Form der Magie ist so beliebt, weil man damit ganz diskret einen Zauber mit sich tragen kann, der geheim bleiben soll und den man nah bei sich haben will.

In den Hoodoo-Traditionen besteht der Beutel meist aus rotem Flanell. Du kannst aber auch einen Stoff in der Farbe und Beschaffenheit verwenden, die am ehesten deinen Zielen entspricht. Dein Liebes-Ouanga könnte aus roter Seide, dein Geld-Ouanga aus grünem Hanftuch sein. Zuerst sammelst du Kräuter und andere magische Gegenstände, die zu deinem Vorhaben passen. Im nächsten Schritt verbindest du sie über ein Ritual mit der von dir gefassten Absicht. Wie immer, wenn du dir ein Ritual ausdenkst, kannst du es so kompliziert und dramatisch oder so einfach und zweckmäßig gestalten, wie du willst: Tu einfach, was nötig ist, um diesen Beutel mit deinem Mojo zu erfüllen. In vielen Traditionen heißt es, dass man den einmal aufgeladenen und geweihten Ouanga möglichst auf der Haut tragen und vor den Blicken anderer schützen sollte. Es gelten zwar nicht für alle Zauberbeutel die gleichen Regeln, aber üblicherweise hält man sie geheim. Trage den Beutel bei dir und lasse ihn seinen Zauber wirken, während du durch den Tag gehst.

· · · · · · · ·

# Lektüreempfehlung

Cunningham, Scott: *Enzyklopädie der magischen Kräuter*, Darmstadt: Schirner 2011.

Cunningham, Scott: *Magical Herbalism*, Woodbury, MN: Llewellyn 1986.

Cunningham, Scott: *Magie mit Kristallen, Edelsteinen und Metallen. Das große Lexikon und Praxisbuch*, München: Ansata 2007.

# KAPITEL 5

# Wandelsterne,
# oder: Planeten

Seit unzähligen Generationen stellen die Leute das Sonnensystem als Pantheon planetarer Archetypen dar, welche die Bandbreite des menschlichen Ausdrucks zeigen. In diesem Kapitel werde ich aufdröseln, auf welchen Assoziationen viele unserer magischen Entscheidungen beim Zaubern beruhen. Alle neun Planeten (die Hexen halten Pluto weiterhin die Treue) zuzüglich Sonne und Mond haben einen eigenen Charakter. Wenn du sie kennst, wirst du eine bessere Vorstellung davon haben, warum eine Hexe eine Marskerze für sexuelle Anziehung oder zum Abnehmen, aber nicht unbedingt zum Heilen oder zur Stärkung der Finanzen verwendet. Oder warum manche Zauber einer bestimmten Mondphase bedürfen. Oder warum zum Kuckuck alle jammern, wenn von der Rückläufigkeit des Merkurs die Rede ist.

# Die Lichter

In der Astrologie zählen Sonne und Mond zu den Planeten. Sie bilden eine Unterkategorie und werden als Lichter bezeichnet. Die Sonne steht für das Selbst, das Ego, den Mittelpunkt deiner Existenz. Diese Metapher ist – im Vergleich zu manch anderen – beinahe enttäuschend wörtlich zu verstehen. *Die Sonne ist der Mittelpunkt unserer Existenz? Was du nicht sagst!* Die solare Energie reinigt, weckt Freude und erregt Aufmerksamkeit. Der Mond hat eine stärker reflektierende (da er das Licht der Sonne zurückwirft, ist auch das wieder wörtlich zu verstehen), nach innen gewandte Energie. Hier geht es um den Umgang mit den eigenen Gefühlen. Der Mond dient oft dazu, die Aufmerksamkeit auf das Heim, das innere Selbst und eine größere emotionale Tiefe zu richten. Beim Geburtshoroskop (siehe Kapitel 12) werden wir uns ausführlicher mit diesen Themen beschäftigen.

# Die inneren Planeten

## Merkur

Merkur ist (logo!) sprunghaft, scharfsinnig und auch ein wenig durchtrieben. Als erster in der Reihe der Planeten übernimmt er die Moderation und stellt den Kontakt her. Mit einer Rekordgeschwindigkeit von 88 Tagen pro Umlauf gewinnt er den Wettlauf um die Sonne jedes Mal. Das dürfte auch der Grund dafür sein, dass der Gott Merkur alias Hermes mit Flügeln an Helm und Sandalen abgebildet wird. Sobald wir morgens die Augen öffnen, erbitten wir seine Gunst. Handel, Kommunikation und Technik sind sein Metier – und die meisten von uns hängen sehr an ihren Telefonen und Computern. Wir sind besessen davon, jeden Gedanken, der uns durch den Kopf schießt, sofort mit der ganzen Welt zu teilen, und drücken unaufhörlich den Merkurknopf, um uns unsere regelmäßige Dosis Verbundenheit zu holen. Deshalb flippen wir auch aus, wenn Merkur rückläufig ist (das heißt, wenn es aus unserer irdischen Perspektive aussieht, als würde er sich – verglichen mit seiner üblichen Route am Himmel – rückwärts bewegen), die geplanten Programmierungsaufgaben vorübergehend unterbricht und den Laptop abstürzen lässt. Eigentlich ist es ein Wunder, dass er uns nicht öfter den Stinkefinger zeigt. Der Kerl braucht hin und wieder eine Pause – wie wir alle. Ich sage: Mach, was du willst, Merkur! Lass es dir gut gehen. Gönn dir eine

Auszeit, sei ein wenig rückläufig, und lass uns damit klarkommen, dass wir eine ganze Minute warten müssen, bis irgendein dämliches Video lädt.

Merkur ist der Planet der Kommunikation und des Handels. Deshalb sind manche Menschen der Ansicht, dass man bei rückläufigem Merkur lieber nichts Neues anfangen, keine Verträge unterzeichnen und auf größere Transaktionen verzichten sollte. Andererseits habe ich den Vertrag für dieses Buch bei rückläufigem Merkur unterschrieben, und es war alles in bester Ordnung. Kein Grund durchzudrehen. Du musst nur dein Bestes tun, um *mit* ihm und nicht gegen ihn zu arbeiten. Du solltest dir deiner Assoziationen bewusst sein, ohne in Aberglauben und Paranoia zu verfallen. So gesehen ist der rückläufige Merkur eine gute Zeit, um im Bereich der Kommunikation Angefangenes zu Ende zu bringen, Fortschritte zu prüfen und Gelerntes zu integrieren.

## Venus

Dann wäre da Venus. Du kennst sie: Sie ist die Frau von nebenan. Superscharf, aber ein wenig unerreichbar. In astrologischen Systemen ist der Planet Venus der Gipfel der Schönheit und der Liebe. Verglichen mit Merkur hat sie eine eher gemächliche Umlaufgeschwindigkeit: Sie braucht 224,7 Tage, um einmal um die Sonne zu kreisen. Sie lässt sich auch verdammt lange Zeit, um sich einmal um die eigene Achse zu drehen: Auf der Venus hat das Jahr nur zwei Tage. Außerdem dreht sie sich als einziger Planet im

Sonnensystem im Uhrzeigersinn; alle anderen drehen (von der Erde aus gesehen) gegen den Uhrzeigersinn. Faszinierend, oder? Warum habe ich das nicht in der Schule gelernt? O Mist! Tut mir leid, Mr. Zeller. Ich wette, Sie haben im Astronomieunterricht an der Highschool versucht, mir diese Dinge beizubringen. Aber es ging zum einen Ohr rein und zum anderen wieder raus. (Die Stunde fand in einem echten Planetarium statt. Da kam es öfter vor, dass jemand abdriftete.) In der Morgen- *und* in der Abenddämmerung taucht Venus mal hier und mal dort am Himmel auf wie ein kunstvoll platzierter Schönheitsfleck, total wabi-sabi und hinreißend. Sexy, aber zugänglich. Das ist die Energie, die wir – du hast es erraten! – bei einem Liebeszauber anzapfen. Allerdings bekommst du keine Punkte fürs Erraten, denn das sollte inzwischen offensichtlich sein.

## Mars

Schluss mit lustig! Mars redet nicht um den heißen Brei herum. Er würde dich eher in besagten tunken. Er geht mit gesenkten Hörnern auf, nun ja, … auf einfach alles los. In der Stierkampfarena ist Mars das rote Tuch und die Arena und der Stier *und* die ganzen Zuschauer auf der Tribüne, denen wegen der *schieren sündhaften* Freude an der Auseinandersetzung ganz heiß wird. Die Marsenergie entspricht der roten Farbe. Testosterongesteuerter Unternehmungsgeist. Sie ist heiß auf Arbeit, Sex, leidenschaftliche Bewegung und Anstrengungen, auf Gesten aller Art.

Blättere noch einmal zu dem Absatz über die Farbe Rot in Kapitel 2 zurück, wo ich mit diesem ganzen Konzept ein wenig über die Stränge geschlagen habe, und füge meine feurigen Worte an dieser Stelle noch einmal ein. Wie NASA-Daten verraten, ist der Planet Mars tatsächlich rot. Das liegt an den hohen Konzentrationen von oxidiertem Eisen oder Rost im Oberflächenstaub. Nicht, dass die sternkundigen ägyptischen Priesterinnen und Priester davon gewusst hätten, als sie ihn »Horus den Roten« tauften. Sie orientierten sich an seiner rötlichen Färbung im Vergleich zu den anderen Planeten und Gestirnen am Himmel.

## Erde

Eigentlich sollte man sich nicht schwertun damit, an die Erde zu denken, und dennoch vernachlässige ich ihre Energien recht oft. Ich vergesse zu essen (das ist echt dämlich, und ich kann es mir nicht einmal erklären), schlafe nicht genug oder kümmere mich anderweitig nicht um den körperlichen Aspekt der Dinge. Vielleicht ist es dir ja noch nicht aufgefallen, aber ich habe pausenlos das Himmlische im Kopf! Erdmagie ist erdend – es ist das magische Gefühl, dass man stabil und ganz und gar in seiner Zeit und an seinem Ort zu Hause ist, Verbindungen in die Vergangenheit hat und Fühler in die Zukunft ausstreckt. Bei der Erdmagie geht es darum, den Teil deines Verstandes abzuschalten, der sich für ein autonomes, von allen anderen getrenntes Wesen hält. Eine der ritualistischen Aktivitäten, die mich besonders erdet, ist meine Yogapraxis. Normalerweise singen wir dabei auch *Om*. Das ist das Mantra oder der Klang aller lebenden Wesen, das Summen der gesamten Schöpfung. Dass wir die Einheit der Erde deutlich erkennen können, haben wir ebenfalls der NASA zu verdanken. Eigentlich ist ein lebendiger Planet wie der unsere nichts anderes als ein einzelner Organismus, der von einer unsichtbaren Hülle umgeben ist, die ihn vor den Weiten des Weltraums schützt, oder? Soweit wir wissen, ist die Erde der einzige Planet, auf dem etwas wächst. Deshalb nutzen wir die Kraft unserer Verbindung zu ihr, wenn wir schwieriges emotionales Terrain durchqueren müssen, Stabilität brauchen oder nach Anzeichen jener Fruchtbarkeit und Fülle suchen, die unsere einzigartige Position in Raum und Zeit möglich macht.

## Jupiter

♃

Jupiter ist ein Riesenteil – das solltest du niemals vergessen. Er hat mehr als doppelt so viel Masse wie alle anderen Planeten zusammen, und das verleiht ihm Gewicht! Er ist der Chefplanet. Das entsprechende astrologische Konzept ist Wachstum, Ausdehnung, Autorität und Herrschaft. Er wird Zeus und Thor und den ganzen anderen Macho-Vatergöttern zugeordnet. Er besteht hauptsächlich aus Gas. Ich stelle mir einen Raum vor, in dichten Zigarrenrauch gehüllt, erfüllt vom Klang geselliger Gespräche, von Schulterklopfen und profitablen Geschäften. Die Energie dieses Planeten wird auch mit höherer Bildung im institutionellen Sinn, mit Studentenverbindungen (übrigens ebenfalls ein griechisches System) und Bildungsreisen ins Ausland in Verbindung gebracht. Alles sehr akademisch, mit auf Leistung basierenden Hierarchien, aber auch mit den Partys, die für die ersten Semester an der Uni typisch sind: Jupiter kann der Planet der Ausgelassenheit sein. Wenn du ihn um einen Gefallen bittest, ist es, als würdest du eine Autorität auf deinem Gebiet um ihre wohlwollende Aufmerksamkeit bitten. Um Billigung von ganz oben. Und hier setze ich noch einen Querverweis zur Farbe Lila.

· · · · · · · · · · ·

## DER TEUFEL

In vielen polytheistischen Systemen gibt es keinen Teufel an sich. Er wird im Grunde nicht benötigt, denn jeder Archetyp hat auch seine Schattenseite. Zeus verkörpert Macht und Autorität – und das ist super, oder? Doch stell dir vor: Er ist ein Vergewaltiger (zu seinen Opfern gehören Leda, Kallisto und Alkmene, um nur ein paar zu nennen). Aphrodite ist der Inbegriff von Schönheit, Liebe und sinnlichen Momenten. Das weiß jeder. Doch das hindert sie nicht daran, unschuldige Menschen in Tiere zu verwandeln und aus Eifersucht Kriege von epischen Dimensionen anzuzetteln (wie den Trojanischen Krieg). Wer braucht schon einen Teufel, wenn die Götter allein dadurch Mist bauen, dass sie einfach ihr göttliches Selbst ausleben?

· · · · · · · · · · ·

# Saturn

Bei Saturn geht es um Grenzen und Einschränkung. Er war bis zum Jahr 1781 der am weitesten entfernte Planet, den man (mit bloßem Auge) erkennen konnte, der Rand des bekannten Sonnensystems. Aus diesem Grund wurde er zum Sinnbild von *Tod! Dem Ende! Dem Rande des Abgrunds!* Etwas weniger hysterisch könnte man sagen, er wurde zum Sinnbild von Grenzen und Kontrolle, oft unterstrichen durch die Endgültigkeit der Sterblichkeit. Du kannst dir die planetaren Archetypen als Lehrer vorstellen (mach das bitte, denn genau darum geht es). Saturn ist der Lehrer aus den Kung-Fu-Filmen, der dich unaufhörlich mit niederen Tätigkeiten triezt, ohne dich zu loben oder dir zu sagen, dass du Fortschritte machst. Doch dann stellst du, die Auserwählte, fest: Was du für Schinderei gehalten hast, war in Wirklichkeit das perfekte Spezialtraining für die Herausforderungen, die du meistern musst. Saturn ist der »Du wirst mir einmal dafür danken«-Planet. Er zerstört Illusionen, durchdringt jeden Schwachsinn. Nette hat in diesem Zusammenhang einen unglaublich weisen Satz gesagt. Sie lobte eine Stammkundin mit den Worten: »Sehen Sie, Sie sind klug genug zu wissen: Nur weil es nicht so läuft, wie *Sie* das gerne hätten, heißt das noch lange nicht, dass es *falsch* läuft.« Das ist Saturns Geschenk: Die Lektion, nach der du nicht verlangt hast und von der du nicht wusstest, dass du sie nötig hattest.

Saturn schlägt auf seiner Umlaufbahn eine riesige Schneise in den Himmel. Er braucht etwa 29 Jahre, um an den Punkt zurückzukehren, an dem er sich bei deiner Geburt befand. In der Astrologie wird dieses Phänomen als erste Wiederkehr des Saturns bezeichnet, und es ist eine Art Rubikon der Reife. Zu diesem Zeitpunkt wird dir zum ersten Mal bewusst, dass du erwachsen bist, und der Körper vieler Menschen zeigt erste Anzeichen von Rebellion gegen die verschiedensten Formen von Missbrauch, die ihm in seiner Jugend zugemutet wurden. Saturn ist die Lektion, die in einem Kater steckt. Du *musst* sie nicht lernen, aber dann bekommst du sie eben erneut präsentiert. Deshalb nutzen wir Saturns Schwingungen, um klare Grenzen im Leben aufzuzeigen oder zu ziehen und um negative oder nutzlose Energien zu bannen. Stell dir vor, Cher würde dir wie im Film »Mondsüchtig« eine runterhauen und sagen: »Hör bloß mit so was auf!« Jetzt weißt du ungefähr, was ich meine.

## Die äußeren Planeten

### Uranus

Uranus ist der erste äußere oder moderne Planet. Die Traditionen der alten Schule beschäftigen sich nicht so sehr mit diesen Planeten, weil sie kaum etwas darüber wussten. Diese drei Planeten sind weit entfernt und wurden erst viel später entdeckt. Deshalb werden die Eigenschaften der äußeren Planeten eher im Sinne einer genaueren Einordnung der Schwingungen der inneren Planeten dargestellt. Venus steht für Anziehung und Gemeinschaft; Uranus dafür, dass man heraussticht oder sich absetzt. Mars steht fürs Gewinnen; Uranus dafür, dass man das Spiel verändert. Uranus ist der Revoluzzerplanet und zuständig für den Umsturz etablierter Ordnungen, für visionäre Leidenschaft und den – zuweilen eklatanten – Bruch mit Tradition und Konvention. Als wollte er dies unmissverständlich klarmachen, hängt er etwas seltsam am Himmel. Er steht beinahe senkrecht zu den anderen Planeten. Wenn Uranus eine Flagge hätte, wäre sie ein Symbol für seine unkonventionelle Art. Ich meine, um ein Haar hätte er Herschel geheißen! Um Himmels willen – oder besser um seines Entdeckers willen, des Astronomen Friedrich Wilhelm Herschel. Merkur, Venus, Erde, Mars, Jupiter, Saturn und *Herschel?* Ernsthaft?

Menschen, bei denen Uranus an einer wichtigen Position im Geburtshoroskop steht, sollen ikonoklastische Eigenschaften besitzen. Jede Änderung seiner Position gegenüber der Erde markiert Epochen und Generationen, weil er ungefähr 84 Jahre für den Umlauf um die Sonne braucht; deshalb befindet er sich bei allen, die innerhalb weniger Jahre geboren wurden, an einer ähnlichen Position.

## Neptun

Neptun ist die Vaseline auf dem Objektiv des Sonnensystems. Er wirkt wie ein zarter Weichzeichner, als sähe man die Welt mit geweiteten Pupillen. Neptun wird im negativen Sinne mit Illusion und Realitätsflucht (also Drogen) in Verbindung gebracht, ist im positiven Sinne aber der Schutzplanet aller Träumer dort draußen, die von einer besseren Welt fantasieren. Neptuns Dreizack offenbart, dass der Planet eine eher wässrige Schwingung hat. Da er erst im 19. Jahrhundert entdeckt wurde, gibt es kaum klassische Assoziationen. Er hat sich zum Sinnbild von Fantasie, Vorstellungskraft und visionärer Kreativität entwickelt. Neptun herrscht über das Reich der Träume – der prophetischen wie der illusorischen. Er steht für das Unterbewusstsein des Einzelnen, aber auch einer ganzen Gruppe oder Kultur, wie es durch den zugrunde liegenden Mythos zum Ausdruck gebracht wird – durch die Geschichten, die wir uns und über uns erzählen. Wie Uranus kreist er langsam um die Sonne und bleibt deshalb so lange im gleichen Zeichen, dass er einen ähnlichen Einfluss auf eine ganze Generation und ihr kulturelles Schaffen hat. Neptun lehrt dich, scheinbar Unmögliches für möglich zu halten. Er ist eine wunderbare Vision, aber wie bei allen Fantasievorstellungen liegt es an dir, ob du dich davon inspirieren oder täuschen lässt.

## Pluto

♇

Jetzt kommt Pluto! Das Ende! Wir hatten zwar gesagt, Saturn sei das Ende, aber das war nur ein Witz. Bei Pluto ist wirklich Schluss. Er ist nach dem Gott der Unterwelt benannt, und er ist der Sensenmann. Trotzdem brauchst du keine Angst vor ihm zu haben.

Der geheimnisvolle Pluto wurde erst 1930 entdeckt und hat
eine furchtbar lange und irgendwie merkwürdige Umlaufbahn,
die ganz anders ist als die der anderen Planeten (das ist einer der
Gründe, weshalb Pluto inzwischen nicht mehr zu ihnen zählt).
Berechnungen zufolge braucht er rund 250 Jahre, um einmal um
die Sonne zu kreisen. Aber da er vor gerade mal 90 Jahren entdeckt wurde, glaube ich das erst, wenn ich es sehe. In der Astrologie soll Pluto für den Anfang und das Ende von Lebensphasen
stehen. Deine Herangehensweise wird sich in dem Bereich, in
dem er in deinem Horoskop auftaucht, um 180 Grad ändern. Leider wird mein Verständnis hier draußen am Rande des Sonnensystems bei Pluto ein wenig lückenhaft. Die Kunden im Laden
hätten mich schon vor Stunden gebremst, wenn ich mich so lange über die Planeten ausgelassen hätte.

All diese Informationen werden uns später in Kapitel 12 helfen,
die Tierkreiszeichen zu verstehen, die ihre Eigenschaften dem
Einfluss eines oder mehrerer Planeten verdanken. Mach dir keine
Sorgen, falls all das keinen Sinn für dich ergibt. Diese Systeme
sollen dich dabei unterstützen, einem Zauber weitere Resonanzebenen zu verleihen, und keine interplanetaren Ängste wecken.

# KAPITEL 6

# Der Jahreskreis, oder: Der Kalender

D er Festkalender dient den Neuheiden wie allen anderen Religionsangehörigen dazu, die Gemeinschaft über das Feiern gemeinsamer Werte zu organisieren. Der rote Faden der kollektiven Wicca-Praxis ist der Wechsel der Jahreszeiten. Aber auch Menschen, die sich nicht als Wiccaner oder Hexen bezeichnen, betrachten diesen Festkalender als gute Alternative, um den Wechsel der Jahreszeiten begehen zu können, ohne auf die Religion der eigenen Familie oder der dominanten Kultur zurückgreifen zu müssen. Meine Familie feierte im Frühjahr ein weltliches Osterfest (Eier, Süßigkeiten, Essen im Familienkreis, keine Kirche) und das Pessachfest (Petersilie, Meerrettich, ungesäuertes Brot, keine Synagoge). Beide Feste waren auf ihre Weise schön, weckten aber nicht mein Staunen über diese Jahreszeit. Also musste ich meinen eigenen Feiertag erfinden. Ich nenne ihn *Día de los Kleidos*. Aufgrund von Wetterschwankungen wechselt das Datum von Jahr zu Jahr. Es ist immer der erste Tag, an dem es warm genug ist, ein Kleid ohne Strumpfhose zu tragen, und alle

· · · · · · · ·

Frauen in der Stadt herumschweben wie Zuckerfeen und Selfies mit Kirschblüten machen. Ich bin eine davon! Es ist der schönste Tag des Jahres. Er fällt meist in die Zeit zwischen den heidnischen Festen Ostara (Frühjahrstagundnachtgleiche) und Beltane (Walpurgisnacht/erster Mai).

Wir werden noch mehr über diese Feste hören, aber Sinn und Zweck des Jahreskreises ist es, einen Rahmen zu bilden, um die Veränderung zu feiern und Ideen für Rituale zu liefern, in deren Mittelpunkt naturbezogene Themen stehen. Im Zweifelsfall kann man sagen, dass man alle Feste in diesem Kapitel mit einem Freudenfeuer und einem Festmahl begehen könnte – denn nichts anderes bedeutet das Wörtchen »Fest«. Ich werde gleich genauer auf die einzelnen Aspekte des heidnischen Kalenders eingehen. Aber zuerst möchte ich euch auf die magischen Reste im penetrant weltlichen gregorianischen Kalender aufmerksam machen, nach dem wir heute alle leben.

# Die Wochentage

In den romanischen Sprachen sind die etymologischen Zusammenhänge zwischen den Planeten/Göttern und den Wochentagen deutlicher (*Mercoledì,* das italienische Wort für Mittwoch, klingt nicht ohne Grund nach »Merkur«). Die englische und die deutsche Sprache waren vielen Einflüssen ausgesetzt. Deshalb müssen wir manchmal tiefer graben, um die Verbindungen zu finden. Sonntag ist der Tag der Sonne, Montag der Tag des Mondes. So weit, so gut. Im Samstag (engl. *Saturday*) steckt – etwas verborgen – der Saturn. Dienstag, Donnerstag und Freitag gehen auf die Namen germanischer Gottheiten zurück: Tyr, wie Mars ein Gott des Kampfes, leiht dem Dienstag seinen Namen; der englische *Wednesday* geht auf Wodin (alias Odin) zurück, der für Kommunikation, Kunst und Dichtung zuständig ist und somit für Übereinstimmung mit Merkur und dem Mittwoch sorgt; Donnerstag ist Thor gewidmet; und die Göttinnen Frigg und/oder Freya (da ist man sich nicht ganz einig), die wie Venus als Liebesgöttinnen gelten, geben dem Freitag seinen Namen.

# Die Sabbate

Natürlich reichen die magischen Wurzeln des bürgerlichen Kalenders noch viel tiefer. Viele Wicca-Coven und neuheidnische Gruppen feiern den Beginn oder den Höhepunkt der bekannten vier Jahreszeiten. Es gibt acht Festzeiten oder *Sabbate* im Jahreskreis. Sie sind ein Mischmasch aus verschiedenen europäischen Volksfeiertagen und Festen, die älter sind als die Zeitrechnung. Sie waren nicht von Anfang an eine zusammenhängende Tradition. Vielmehr entstand durch die Überschneidung verschiedener Kulturen ein Kalender mit gemeinsamen Festen, damit heterogene Gemeinschaften zusammen feiern konnten. Als das Römische Reich über die Kontinente hinwegfegte, nahmen die Römer die Feste der besetzten Völker in die eigenen Feierlichkeiten auf. Damit will ich sagen, dass dir die folgenden Feiertage trotz ihrer schwer zu buchstabierenden und geheimnisvoll klingenden Namen alle bekannt vorkommen werden, sobald ich sie dir erklärt habe. Sehr bekannt sogar.

## Samhain

Wir beginnen das Jahr an Samhain (»sau-in« ausgesprochen). Ich wünsche dir ein zauberhaftes neues Jahr! Samhain ist der letzte Tag im Oktober alias Halloween alias die Nacht vor Allerheiligen (engl. *All Hallows' Eve*). Es ist ein Kreuzvierteltag. Man könnte auch sagen, dass dieser Tag die Mitte und nicht den Anfang oder das Ende einer Jahreszeit kennzeichnet. Der 31. Oktober liegt mitten im Herbst, genau zwischen der Herbsttagundnachtgleiche im September und der Wintersonnwende im Dezember. Wahrscheinlich weißt du schon das eine oder andere über dieses Fest. Schließlich ist das die Zeit des Jahres, in der du am ehesten an die Existenz von Hexen erinnert wirst – und offensichtlich interessierst du dich zumindest ein klein wenig für sie. Samhain markiert den Tod eines Jahres: Die Blätter fallen, die letzte Ernte wird eingebracht – daher die Kürbisse zum Schnitzen, die Äpfel fürs Apfeltauchen und das Korn (ob es sich dabei um die Reste eines Mais-Labyrinths, den Mais selbst oder um maisähnliche Süßigkeiten wie »Candy Corn« handelt). Die Goths freuen sich über die Rückkehr der langen Nächte und der langen Mäntel. Bei uns im Laden ist Samhain eine Zeit, in der sich die Kunden in den Gängen drängen und unvermittelt Fragen über das Jenseits stellen.

Es heißt, an Samhain sei der Schleier zwischen Leben und Tod besonders dünn und durchlässig. Deshalb ehren wir zu dieser Zeit traditionell unsere Ahnen und geliebte, von uns gegangene Menschen. Kulturen in aller Welt werden dazu inspiriert, über die Sterblichkeit nachzudenken und zu überlegen, was jenseits der für uns sichtbaren Welt liegen könnte. Die Ahnenverehrung ist starke Magie. Sie ist eine Praxis der Dankbarkeit, kein Geschäft. Es gibt kein Wollen oder Wünschen, das ist bereits erledigt. Deine Vorfahren haben sich gewünscht, dass ihr Stammbaum in die Zukunft wachsen möge, und hatten damit Erfolg. Denn *du* bist da. Allein das ist bereits ein Grund, eine Kerze anzuzünden. Zu dieser Zeit finden überall auf dem amerikanischen Doppelkontinent jahreszeitliche Rituale zur Ahnenverehrung statt, die ihren Ursprung teils in indigenen Traditionen, teils in (christlichen und anderen) europäischen Festen haben. Sie alle dienen dem gleichen Zweck: Wir ehren unsere Toten und kümmern uns um sie, indem wir ihre Gräber pflegen oder Altäre mit Opfergaben für sie aufstellen. Auf der Südhalbkugel würdigen die Menschen ihre Toten übrigens in ähnlicher Weise, aber am entgegengesetzten Punkt des Kalenderjahrs, da die Jahreszeiten dort anders sind.

Dass man zu Halloween auf der Suche nach Süßigkeiten verkleidet von Tür zu Tür zieht, hat seine Wurzeln im Mummenschanz. Bei dieser alten keltischen Tradition liefen die Menschen maskiert durch die Straßen und sagten im Tausch gegen Speis und Trank schelmische Gedichte auf. Das klang dann wie: »Süßes oder Saures, sag ich. Bonbons und Schokolade mag ich.« Anschließend ging es aber hoffentlich mit einem Satz weiter, der etwas altertümlicher und bedrohlicher klang als: »Doch willst du mir nichts geben, dann kannst du was erleben.« Aber ich bin keine Historikerin. Gab es in grauer Vorzeit überhaupt schon Schokolade?

Eine weitere Kostümtradition zu diesem Fest mit ganz anderem Ursprung ist das *calavera*-(Totenkopf)-Make-up am *Día de los Muertos*, dem »Tag der Toten«. Hier geht es nicht darum, die Nachbarn zu erschrecken, damit sie etwas Süßes herausrücken, sondern darum, in Resonanz mit den *calaveras de azúcar*, den »Zuckerschädeln« – dekorativen Opfergaben für geliebte Verstorbene –, zu gehen. Sie erinnern uns daran, wie süß und flüchtig das Leben ist.

· · · · · · · ·

Es ist immer gut, wenn wir ein Fest feiern, mit dem wir die Verbindung zu unseren Verstorbenen, die Dankbarkeit für ihr und für unser Leben in seiner Vergänglichkeit ritualisieren und zur Kenntnis nehmen, dass nun die helle in die dunkle Jahreszeit übergeht. Wie soll dein Samhain-Ritual aussehen? Es spielt keine Rolle, was genau du machst. Wenn du magst, suchst du dir eine geliebte Verstorbene oder einen geliebten Verstorbenen aus. Das kann, muss aber nicht jemand aus der Familie sein. Überlege, was sie oder er gern gegessen oder getrunken hat, was ihr oder sein Lieblingsduft war. Vielleicht hast du ein Foto oder besitzt einen Gegenstand, der ihr oder ihm gehört hat. Schaffe bei dir zu Hause ein wenig Platz, um alles zusammenzutragen, eine Kerze anzuzünden und dich mit ihren oder seinen Lieblingsdingen zu umgeben. Stell einen Teil davon als Opfergabe auf deinen Altar oder hinterlasse etwas in der Natur. Das ist besonders schön, wenn es einen Ort gibt, der gut zu deiner Erinnerung an diesen Menschen passt. Falls dein Opa eine Vorliebe für Menthol-Zigaretten und Lottospielen hatte, könntest du zum nächsten Tante-Emma-Laden laufen und dich mit den magischen Zutaten eindecken, die du brauchst, um ihn zu ehren.

Wenn du schon dabei bist, kannst du gleich ein paar Chrysanthemen mitbringen. Sie sind fester Bestandteil der meisten Feste zur Verehrung der Ahnen. Vielleicht ist das wieder so eine Herbstsache oder vielleicht haben alle Toten die gleiche Lieblingsblume. Chrysanthemen und andere Blumen aus der Familie der Korbblütler spielen an derart vielen Orten eine Rolle bei Festen zur Verehrung der Ahnen, dass ich das hier notieren muss: Da gibt es die Studentenblumen am *Día de los Muertos;* in den amerikanischen Vorstädten stellen die Menschen riesige Töpfe mit Chrysanthemen neben die Kürbislaternen; große Blüten zieren außerdem traditionelle chinesische Malereien. In einigen Teilen

Chinas und Japans feiern die Menschen das Doppel-Neun-Fest (den neunten Tag des neunten Monats im chinesischen Kalender, der meist in den Oktober fällt). Da dieser Tag zu viel *yang* (intensive, aktive, unverhohlene Energie) hat, werden Vorsichtsmaßnahmen getroffen. Man steigt zum Beispiel auf einen hohen Berg, schmückt die Kleidung mit Chrysanthemen oder nimmt Chrysanthemen als Getränk zu sich, um die Atmosphäre ein wenig abzukühlen. Man kümmert sich auch um die Gräber geliebter Menschen und bringt besondere Speisen als Opfer dar. Kommt dir bekannt vor, oder? Zweifellos, denn die spirituellen Bedürfnisse von uns Menschen ähneln sich so sehr, dass wir sie auf ähnliche Weise befriedigen. Das wirst du auch merken, wenn wir über das folgende Fest sprechen ...

## Jul

Das gute alte Julfest wird am und um den Tag der Wintersonnwende gefeiert. Das ist die Zeit, in der die Tage am kürzesten sind. Es ist aber auch die Zeit, in der die Tage allmählich wieder länger werden. Mit diesem Fest feiern wir das Licht – das wenige, das uns die Sonne schenkt, und das andere, das wir in Form von geteilter Freude und Wärme selbst erzeugen können. Zu den typischen heidnischen und volkstümlichen Traditionen in Europa gehörte um diese Jahreszeit auch das sogenannte *wassailing* – eine obskure Tradition, bei der man warme und süße alkoholische Getränke zu sich nahm, während man singenderweise die Nachbarn belästigte. Moment, das ist ja das Weihnachtssingen! Es gibt auch schockierende Berichte darüber, dass Menschen Nadelbäume schmückten und über offenem Feuer Kastanien rösteten. Du weißt, was jetzt kommt: Es ist ganz

genau wie Weihnachten! *Weihnachten!* Viele der Weihnachts-
szenen, die du von Abbildungen auf Keksdosen kennst, gehen
auf druidische und germanische Traditionen aus vorchristli-
cher Zeit zurück. Die Mistel? Sie ist die einzige grüne Pflanze,
die man im Winter im frostigen Norden findet. Trotz der Kälte
weigert sie sich hartnäckig einzugehen. Das verrät uns, dass es
sich um eine starke Pflanze handelt, die deshalb auch den Dru-
iden heilig war. Mit Nelken gespickte Orangen? Sie sollen dich
an die Sonne und ihre schrittweise Rückkehr aus der Unterwelt
erinnern.

Ich finde es seltsam, dass die Leute die Geburt eines Kindes
draußen in der sommerlichen oder herbstlichen Wüste mit einer
frostigen nordischen Winterparty feiern, aber es zeigt einfach,
wie stark das menschliche Bedürfnis nach Licht und Feierlichkeiten zu dieser Jahreszeit ist. Ich würde weder den Christen
noch den Heiden mit der respektlosen Andeutung die Freude
verderben wollen, dass sie in diesen Tagen verdammt noch mal
das Gleiche tun – wenn auch aus geringfügig unterschiedlichen
Gründen. Die einen gehen hinaus in den Schnee, um die Rückkehr des Sonnengottes zu feiern; die anderen gehen hinaus in
den Schnee, um die Geburt des Gottessohnes zu feiern. Solange
wir uns alle Feste feiernd einen Weg durch die dunkelsten Nächte
des Jahres bahnen, ist das für mich reine Wortklauberei.

Als Nächstes kommt ...

## Imbolc

Dies ist ein weiterer Kreuzvierteltag, der Höhepunkt einer Jahreszeit und die Mitte des Winters. Allmählich ist das Ende in Sicht.
Endlich rückt der Frühling in den Bereich des Möglichen. Es

scheint denkbar, dass es eine Welt ohne Winterjacken geben könnte. Imbolc heißt das Tauwetter willkommen und feiert es. Rituell ist dies eine Zeit, in der man nach vorne schaut. Es sollte dich inzwischen nicht mehr überraschen, dass der in den USA begangene *Groundhog Day,* der »Murmeltiertag«, am 2. Februar – ein Prognosetag, wie er im Buche steht – mehr oder weniger mit Imbolc zusammenfällt. Auf der Suche nach den ersten Anzeichen von Frühling nehmen wir offenbar alles, was wir kriegen können – ob Krokusse oder Riesennagetiere.

Die Imbolc-Rituale sind Rituale des Willkommenheißens, als bereite man sich auf die Ankunft eines Ehrengastes vor. Dieser Gast ist Brigid. Brigid ist die keltische Göttin des Schmiedefeuers. Sie ist supersexy und knallhart. Es werden viele weitere Göttinnen mit dem Frühlingserwachen in Verbindung gebracht, aber an Imbolc (die Christen verehren an diesem Tag die heilige Brigid oder Brigitte) feiern wir den schöpferischen Funken der Göttin – das Zündflämmchen, welches das Feuer der Wärme wieder in der Welt entfacht. Imbolc gilt als der Beginn neuen Lebens, wenn der Same des Frühlings erwacht. Wir können Brigid Milch als Opfergabe darbringen, und ihre Räuchermischungen duften nach Zimt. Abgesehen von ihren Talenten in der Schmiede ist sie für Dichtkunst, Kräuterkunde und Geburtshilfe zuständig. Sie hat ganz schön viel zu tun.

Kerzen haben an Imbolc rituelle Bedeutung. In einigen Traditionen wird eine Krone aus winzigen Kerzen angefertigt, die von einem jungen Menschen während des Rituals getragen wird. Ich bin mir sicher, dass dabei mit der gebotenen Vorsicht vorgegangen wird, aber bei mir lässt diese Vorstellung alle (Feuer-)Alarmglocken schrillen. Zur christlichen Lichtmessfeier oder dem Fest der heiligen Brigid bringen die Menschen Kerzen in die Kirche, um sie segnen zu lassen.

· · · · · · · ·

Die Römer feierten zu dieser Zeit das Fest der Lupercalien alias Februa (das dem Monat seinen Namen gibt). Es war eine Zeit der Sühne oder der Reinigung. Das Wörtchen *lupe* in Lupercalien bedeutet »Wolf« und meint speziell die Wölfin, die der Sage nach Romulus und Remus gesäugt hat – die menschlichen Zwillinge, die später die Stadt Rom gründeten. Dabei war es Brauch, dass ein junger Mann, der nur ein Fell über seinem Gehänge trug, durch die Straßen lief und spielerisch alle Frauen peitschte, die sich in diesem Jahr Nachwuchs wünschten. Um es ihm leichter zu machen, entledigten sich auch die Ladys ihrer Kleider. Das dürfte eine ziemlich heiße Angelegenheit gewesen sein, weshalb das christliche Patriarchat offenbar das Bedürfnis verspürte, diesem Brauch ein Ende zu setzen, ihn in eine Kiste zu stopfen und als Valentinstag wieder aus dem Hut zu zaubern. Einen schönen Februar wünsche ich. Da hast du deine Pralinen.

## Ostara

Frühjahrstagundnachtgleiche! Hach, so frühlingshaft! Wie alle anderen Sabbate trägt auch dieser Feiertag unzählige Namen. Schließlich ist dies ein Fest der Erneuerung, und fast alle Kulturen kennen eine Göttin des Frühlings. Hier sticht besonders die germanische Göttin Ostara hervor. Sie leiht dem modernen christlichen Osterfest – zumindest phonetisch – ihren Namen und soll zudem mit der mesopotamischen Göttin Ischtar (auch Astarte genannt) und der altägyptischen Göttin Isis verwandt sein. Diese Zeit des Jahres steht für Wiedergeburt und Neubeginn und ist fürchterlich fruchtbar. Anders als an Beltane, das im Anschluss folgt, liegt bei den Ostara-Feierlichkeiten der Schwerpunkt eher auf der Fruchtbarkeit der Flora als auf dem Aspekt der Fauna. Nichtsdestotrotz ist der für seine beeindruckende Fortpflanzungsfähigkeit bekannte Hase das Symbol dieses Festes und Ostara heilig. Man färbt Eier, die man einander gibt, um Fruchtbarkeit zu schenken und die Göttin zu ehren. All das sollte dich nicht erschüttern, handelt es sich doch offenkundig um bekannte Begleiterscheinungen des Osterfests wie den Osterkorb und den allgegenwärtigen Hasen.

## Beltane

»Am ersten Mai beginnt die Zeit des Freiluftvögelns weit und breit!« Bei Enchantments ist dies der übliche Gruß zum ersten Mai. Ich dachte, das wäre überall so. Aber nein, so versaut sind offenbar nur wir. Beltane ist ein Kreuzvierteltag und markiert den Höhepunkt des Frühlings. Hier finden auch der Maibaum und die dazugehörigen Volkstänze ihren Ursprung. Dabei hüpfen

Menschen im Kreis um einen hohen phallischen Pfahl herum und halten Bänder in der Hand, die ganz oben befestigt sind. Die Tänzer bewegen sich mal innen und mal außen aneinander vorbei, bis der Baum von ihren Bändern umsponnen ist. Die Bänder stehen für die Wünsche und Pläne der Teilnehmer im nächsten Jahresabschnitt. Am Ende sind alle diese Absichten miteinander vereint und recken sich nach oben, um in den Himmel zu stoßen.

Zu den Beltane-Feierlichkeiten gehören auch weitere Fruchtbarkeitsrituale für Flora und Fauna. Eines davon diente als Inspiration für den kindischen kleinen Reim zu Beginn dieses Abschnitts. Die Riten – das versteht sich von selbst – beginnen mit einem Freudenfeuer. Hexen zünden einfach gern etwas an! Es war und ist der Brauch, dass man sich während der abendlichen Festivitäten mit seinem Schatz davonschleicht, um Sex auf den Feldern zu haben und sie auf diese Weise fruchtbar zu machen.

· · · · · · · · · · ·

## FLIEGEN

Bei einer wortwörtlichen Auslegung des Fruchtbarkeitsrituals zu Beltane müssten alle Hexen in die Natur hinausgehen und unbekümmert Sex auf den Feldern haben, um die Befruchtung der Erde zu unterstützen und selbst Teil davon zu sein. Was hoffentlich im Herbst eine gute Ernte bringt. Einige Hexen begehen dieses Fest allerdings auf eher symbolische Weise, indem sie mit dem praktischen Phallussymbol in ihrem Haushalt – ihrem Besen – über die Felder »reiten«. Soll heißen, dass sie wie verrückt herumspringen. Der Legende nach wachsen die Früchte des eigenen Feldes so hoch, wie man springen kann. Cool, oder? Das ist jedenfalls eine Version der Geschichte, warum Hexen auf Besen fliegen.

· · · · · · ·

Bei dieser Gelegenheit können wir auch gleich über die »Flugsalbe« sprechen. Das ist eine psychedelische Mischung aus halbgiftigen/psychotropen Pflanzenauszügen, die mit Fett oder Öl extrahiert und fixiert wurden (mitlesende Cannabis-Experten und -Expertinnen wissen genau, wie das geht), um Visionen auszulösen. Die Hexen salbten ihre Besen mit dem Zeug, nahmen die hochwirksame Salbe über die Schamlippen auf – und flogen! Ich habe diesen Satz zwar in der Vergangenheitsform getippt, aber irgendwie habe ich das starke Gefühl, dass in genau diesem Augenblick ein paar Hexen auf brachliegenden Feldern ihre Besen salben, als wollten sie sagen: »Von wegen ›alte Schule‹!« Leider stellen wir im Laden keine solche Salbe her. Es ist uns nämlich gesetzlich verboten, unserer Kundschaft zu empfehlen, sich unsere Produkte einzuverleiben – und sei es nur über die Schamlippen.

· · · · · · · · · · · ·

## Litha (Mittsommer)

Mittsommer ist am oder um den Tag der Sommersonnwende: Litha ist die Feier des längsten Tages und der kürzesten Nacht. An den nördlichsten Punkten der Erde ist die Sonne an Mittsommer, dem Höhepunkt ihres Triumphzugs, volle 24 Stunden lang zu sehen. Einige Wicca-Hexen verknüpfen den Zyklus der Jahreszeiten über die Geschichte vom Eichen- und vom Stechpalmen-könig. Diese moderne Interpretation verschiedener europäischer Mythen und Volksbräuche ist eine dramatische Darstellung des Kampfes zwischen Licht und Dunkel. Sie wurde in Wicca-Kreisen von Stewart und Janet Farrar bekannt gemacht. Wenn ich das richtig verstehe, sind Eichen- und Stechpalmenkönig zwei verschiedene Versionen oder Phasen des Gottes, also des Gefährten der Göttin. Die Wicca-Tradition kennt unzählige Schattierungen des Gottes und der Göttin, doch der Zusammenhang bleibt stets gewahrt. Die beiden Aspekte des göttlich Männlichen buhlen um die Gunst der Göttin, von deren Fruchtbarkeit alles Leben auf Erden abhängt. Im Winter, wenn die Dunkelheit stärker ist als das Licht, herrscht der Stechpalmenkönig über den männlichen Anteil der Schöpfung. Er regiert von Samhain (dem Höhepunkt des Herbstes) bis Beltane (dem Höhepunkt des Frühlings). Zum Julfest (wie heißt es in dem englischen Weihnachtslied so schön: »Deck the halls with boughs of holly…«, also mit Stechpalmenzweigen), wenn die Nacht am längsten ist, kann er sich seiner Position als König und seines Einflusses als Gefährte der Göttin/Königin am sichersten sein. Beides schwindet, wenn die Tage länger werden. Dann gewinnt der Eichenkönig an Kraft, um an Beltane den Stechpalmenkönig zu stürzen. An Mittsommer ist der Eichenkönig auf dem Höhepunkt seiner Macht, die von da an mit der Länge der Tage schwindet. Er stirbt zusammen mit den Gräsern und Pflanzen – mit Ausnahme der Stechpalme. Und immer so weiter, bis uns schwindelig wird. Natürlich gibt es unzählige Versionen dieser Geschichte. Außerdem wäre da noch die Sache, dass die Göttin an einem bestimmten Feiertag schwanger wird und an einem anderen niederkommt. Aber bis wir all das geklärt haben, wird es …

## Lammas

Lammas heißt nach dem keltischen Gott Lugh auch Lugh-nasadh. Dieser Lugh ist ein Lughdampf in allen Gassen. Er wird gelegentlich mit Merkur verglichen, aber ich bin mir nicht ganz sicher, ob Merkur harte Arbeit so schätzt wie er. Er ist ein Handwerker und der Schutzheilige der Barden. Ich war entzückt, als ich auf eine Erzählung stieß, in der sich Lugh mit den Fähigkeiten des Schmieds, des Wagners und des Barden brüstet. Was mir bestätigte, dass die Geschichte von einem Ort und aus einer Zeit stammt, als man den praktischen Wert der Fähigkeiten eines Barden mit denen eines Mannes gleichsetzte, der einen Wagen oder eine Waffe herstellen konnte. Da will ich hin!

Ich habe ein schönes Visualisierungsritual zu Lammas für dich: Stell dir vor, in einer Welt zu leben, in der alle deine besten und wertvollsten Fähigkeiten geschätzt werden und du sie auf sinnvolle Weise mit deiner Gemeinschaft teilen kannst wie bei der wundersamen Brotvermehrung in der Bibel. Vielleicht solltest du ja tatsächlich Brot backen und mit anderen teilen. Lammas ist schließlich ein herbstliches Fest und fällt in die Zeit, in der man die Weizenernte einholen würde, wenn man an Beltane gesät hätte, wie es sich gehört. (Ganz genau, ich rede mit *dir*. Ich wette, du hast überhaupt nichts gesät!) Zur Erntezeit sollten wir überlegen, welche Dinge wir (abgesehen vom Weizen) in den letzten Monaten gehegt und gepflegt haben, wie sie herangereift sind und wie sie unsere Gemeinschaft nähren und unterstützen können.

# Mabon

Wir sollten auch Mabon, die Herbsttagundnachtgleiche, nicht vergessen. Dieser zwischen Lammas und Samhain eingekeilte Feiertag ist – zumindest für mich – leicht zu übersehen. Historisch betrachtet, haben die Menschen auf der Nordhalbkugel um diese Zeit viel zu tun. In dieser Hauptphase der Ernte sind wir oft mit irgendwelchen Projekten beschäftigt und legen im materiellen, wörtlichen und übertragenen Sinn Vorräte an, um uns für den Winter zu rüsten. Das ist im Kern die Stimmung an Mabon – dies ist eine Phase der Vorbereitung, des Hamsterns. Wie immer ist es auch eine Zeit des Dankes (ein heißer Tipp, falls du nach Ritualideen suchst) – für die Erde, die Fülle und die Arbeit, die das Feiern überhaupt erst möglich machen. Also hol dein Füllhorn heraus, und bastle dir ein paar schicke Herbstdekorationen mit Zierkürbissen. Mein Kumpel Mabon und ich möchten dich ermuntern, dir Zeit zu nehmen, um die Symmetrie von Licht und Dunkelheit zu würdigen … und Apfelkuchen zu backen oder so was. Sicher bist du inzwischen durchgestiegen wie durch einen Haufen trockenen herbstlichen Laubs und weißt, dass es bei allen diesen Festtagen darum geht, eine Möglichkeit zu finden, das Schöne am gegenwärtigen Augenblick zu feiern.

## Gedanken zu den Feiertagen

Ja, sind wir denn auf einmal alle unter die Urbauern gegangen? Und wenn das Christentum das Gegenteil des Heidentums ist, wieso werden die Feiertage dann auf die gleiche Weise begangen? Und wer schläft zu welcher Jahreszeit mit der Göttin? Diese Verständnisfragen sollen sicherstellen, dass du ordentlich aufgepasst hast. Ungefähr alle eineinhalb Monate wird es eine Prüfung oder einen Sabbat geben. Da kannst du schon mal anfangen zu büffeln. Da wären aber auch noch ...

# Die Esbate

Die Sabbattage orientieren sich an der Position und dem Weg der Sonne von einer Phase in die nächste, die Esbate orientieren sich an der Phase und der Position des Mondes. Sabbate sind sonnige Anlässe. Bekanntlich feiern wir dabei die Wärme und das Licht der Sonne, die ihre Bahn durch die Jahreszeiten zieht. Esbate sind Mondfeste und deshalb ein wenig rätselhafter.

· · · · · · · · · · ·

## MONDFAKTEN

Jeder von uns weiß ein paar Dinge über den Mond. Trotzdem sollten wir sichergehen, dass wir die gleichen Informationen über seine Form und seine Funktion haben, um ihn besser würdigen zu können.

- Der Mond braucht 28 Tage, um all seine Phasen zu durchlaufen. Deshalb ist das Wort »Monat« auch von »Mond« abgeleitet.
- Da der Montag nach dem Mond benannt ist, nutzen ihn manche Menschen für die lunare Magie, um auch diese Resonanzebene einzubeziehen.
- Die Mondphasen sind: Neumond, zunehmender Sichelmond, zunehmender Halbmond (Erstes Viertel), zunehmender Dreiviertelmond, Vollmond, abnehmender Drei-

· · · · · · · ·

viertelmond, abnehmender Halbmond (Letztes Viertel), abnehmender Sichelmond, Neumond. »Zunehmend« bedeutet, der Mond wird größer, »abnehmend« bedeutet, der Mond wird kleiner.

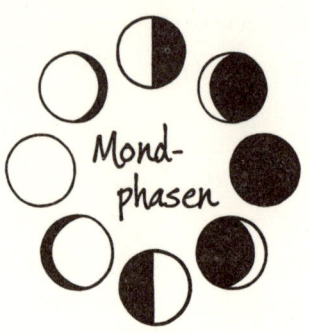

Sehen wir uns das genauer an: Neumond ist der Tag im Monat, an dem kein Mond am Himmel zu sehen ist. Das liegt daran, dass er zwischen Erde und Sonne steht und wir nur die Seite sehen können, die nicht von der Sonne beschienen ist. Im Laufe des Monats bewegt sich der Mond auf seiner Bahn um die Erde. Dabei bekommen wir nach und nach die Seite des Mondes zu sehen, die von der Sonne beschienen wird. Hat der Mond ungefähr ein Viertel seiner Umlaufbahn zurückgelegt, erblicken wir den sogenannten zunehmenden Halbmond. Wir sehen die Hälfte der beleuchteten Seite und immer so weiter, bis wir schließlich die ganze sonnenbeschienene Seite sehen, weil er nun auf der anderen Seite seiner Umlaufbahn erneut mit Sonne und Erde in einer Linie steht. Und wir werden wohl so weiter kreisen, bis die Sonne explodiert.

Der Vollmond steht immer in dem Zeichen, das *gegenüber* dem Zeichen liegt, in dem die Sonne gerade chillt. Während ich diese Zeilen schreibe, steht die Sonne im Wassermann.

Folglich muss sich der Vollmond im gegenüberliegenden Zeichen, also im Löwen befinden. Spitzenmäßige Faustregel, nicht wahr? Habe ich von Nette. Aber wenn man darüber nachdenkt, stimmt sie tatsächlich. Ist der Mond voll, muss er der Sonne genau gegenüberstehen, weil er vollständig beschienen ist. Das heißt umgekehrt, dass der Neumond stets im gleichen Zeichen steht wie die Sonne.

. . . . . . . . . . . .

Die Esbate sind die Tage, an denen die wahre Magie passiert. Das sagt zumindest mein Freund Lord Wendy. Er muss es wissen, denn er ist Hohepriester und kann sich mit einem Coven beratschlagen. Im Grunde könnte er an jedem beliebigen Abend der Woche einen Esbat feiern, sofern da nicht gerade ein Sabbatfest stattfindet. Doch üblicherweise wird dieser Begriff für ein Ritual verwendet, das sich auf eine Phase oder Position des Mondes bezieht. Es wird oft an Neumond und/oder Vollmond angesetzt. Im Allgemeinen nutzen wir die Neumondtage, um eine Absicht zu fassen. Das ist, als würden wir einen Samen aussäen, der im Laufe des Monats zusammen mit dem Mond wächst und gedeiht. Der Vollmond wirft Licht auf Dinge, die sonst verborgen bleiben. Wenn du mich fragst, ist das eine Metapher für die Divination.

Esbate werden meist abends gefeiert. Es ist einfach logischer, den Mond – oder die Mondin, wie sie in vielen Sprachen heißt – zu feiern, wenn er auch tatsächlich zu sehen ist. Zuweilen ist es schon genug des Esbats für mich, wenn ich im Schein des Mondes stehe und ihn anheule. Aber ich bin eine sehr unkomplizierte Hexe. Du kannst deinen Esbat auch mit einem Kristallball mit Paartanz, Absinth-Tränken und lunarer Kleiderordnung verbringen. Falls du etwas Derartiges planst, schick mir bitte eine Einladung.

. . . . . . . .

- - - - - - - - - - - -

# KAPITEL 7

# Hexenfreundschaften, oder: Magisches Miteinander

Vieles von dem, was ich bisher erzählt habe, ist für freifliegende Hexen hilfreich. Es gibt aber auch Aspekte der Hexenkunst, die du nur in der Gruppe, im Rahmen eines Kults oder in einer Lehrer-Schüler-Beziehung erleben kannst, die der Weitergabe von Wissen oder Traditionen dient. Ein Zirkel oder Coven ist eine spirituelle Gemeinschaft, in der Hexen einander unterstützen und gemeinsam abhängen.

## Partnerarbeit

Neben den freifliegenden Hexen gibt es Zwei-Personen-Zirkel, eine Art Arbeitspartnerschaft. Man könnte auch sagen, wir haben es mit zwei Menschen zu tun, deren Energie auf produktive Weise gegensätzlich ist; mit Gegensätzen, die sich anziehen und die Polarität der Schwingung nutzen, um schöpferische magi-

- - - - - - - -

sche Energie zu erzeugen. Gegensätzliche Kräfte, die einander ergänzen, schaffen spirituelle Harmonie. Im Idealfall sollte dieser Zustand der Harmonie im Inneren entstehen, er muss nicht zwangsläufig in magischer Teamarbeit zum Ausdruck kommen. Doch zuweilen können Liebespaare, beste Freundinnen, Kreativteams oder einfach zwei Menschen, die unterschiedliche Ansätze, aber die gleichen energetischen Ziele haben, Dinge erreichen, die einer allein nicht zustande bringt. Dieser Umstand wird oft als Mann-Frau-Thematik dargestellt, dabei können Hexen jeglichen Geschlechtsausdrucks erfolgreich zusammenarbeiten, wenn ihre Energien gleich stark und irgendwie gegensätzlich sind. Einige Hexen arbeiten lieber mit Tieren, sogenannten Familiaren oder Hexentieren. Wichtig ist nur, dass wie bei einer Batterie ein dynamischer Kreislauf zwischen zwei unterschiedlich geladenen Polen entsteht, der Energie für deine magischen Vorhaben erzeugt. Wenn Nette mir zustimmt, weiß ich immer, dass ich mich der richtigen magischen Lösung nähere. Wir gehen auf verschiedene Weise an die Dinge heran. Darum habe ich das Gefühl, dass wir auf einer heißen Spur sind, wenn wir die gleichen Schlüsse ziehen.

· · · · · · · · · · ·

## FAQ: SIND DIE KATZEN ECHT?

Wir haben zwei schwarze Katzen im Laden. Sie sind Hexentiere. Ich möchte jedoch betonen, dass ich das Wort im umgangssprachlichen Sinn von »Tier, zu dem man eine geistige Verbindung hat«, nicht im obskuren Sinn von »Teufel in Tiergestalt« verwende. Kürzlich hat sich eine von ihnen an meiner Pizza bedient und nicht nur dezent daran geknabbert, sondern ein richtig großes Stück herausgebissen – wie ein Mensch. Sie

· · · · · · ·

sind total lieb, lümmeln auf dem Tresen herum, lassen sich von den vielen verrückten Leuten streicheln und beschweren sich fast nie, weil sie geduldig sind.

Ich dagegen verliere komplett die Geduld bei gleichen Gespräch, das sich alle sieben Minuten entspinnt, wenn jemand zur Ladentür herein- kommt und fragt: »Oh mein Gott! Ist die Katze echt?« Nein, ist sie nicht. Sie ist eine animatroni- sche Illusion. Ich fass es einfach nicht! Sind die echt? *Ja!* Das sind quicklebendige American-Shorthair-Katzen! Ich weiß, ich sollte das nicht so schwernehmen. Es ist ein son- derbarer Laden. Vielleicht hätten wir in einer Parallelwelt ja lebensechte künstliche Katzen, die wir an ungünstigen Stellen auf bereits überfüllten Flächen drapieren würden. Aber in die- sem Universum können wir uns nur das technisch weniger an- spruchsvolle lebende Modell leisten.

Die meisten meiner Kolleginnen und Kollegen finden es nicht weiter schlimm, den lieben langen Tag über die Katzen zu reden. Aber ich weiß nicht, wie es nach einem solchen Ge- spräch weitergehen soll. Ja, das sind zwei Katzen, und ja, sie sind Bruder und Schwester. Ich kann mir nicht vorstellen, wel- chen Unterschied es machen sollte, wenn es noch eine dritte Katze gäbe, die gerade nicht zu sehen ist, und alle weitschich- tig miteinander verwandt wären. Unlängst wurde ich gefragt, wie alt die Katze sei. Ich sagte neun, obwohl sie eigentlich zwölf ist. Ich weiß nicht, wie sich diese Lüge auf mein Karma und das Universum auswirken wird, ich lasse es darauf ankom- men. Ich mag Katzen. Zumindest Katzen, die ich kenne. Ich rede nur nicht gern mit fremden Menschen über vertraute Katzen.

· · · · · · ·

Zu meinen eigenen Katzen bin ich auch über den Laden gekommen. Die damaligen Besitzer betrieben im Hinterzimmer eher unabsichtlich eine Art Tierrettung. Als ich dort zu arbeiten anfing, gab es diese Tierrettung längst nicht mehr, aber das hinderte die Leute nicht daran, ab und zu verwaiste Katzen vorbeizubringen. Eines Tages hatten wir einen Wurf drei kleiner Katzenwaisen im Laden, und ich war hin- und hergerissen, ob ich eine davon mit nach Hause nehmen sollte. Meine Kollegin Michelle hatte für eines der Kätzchen ein Zuhause in Queens gefunden und wollte mir einreden, dass zwei Katzen im Grunde noch einfacher zu versorgen seien als eine. Damals hörte sich das irgendwie vernünftig an. Genau in diesem Augenblick kam eine ziemlich durchgeknallte Kundin herüber. Sie streichelte die Kätzchen und erzählte ihnen, sie würde sie mitnehmen, Sabrina und Azrael taufen und ihren elf anderen Katzen vorstellen. Und ehe sie ein weiteres schauderhaftes Wort sagen konnte, hatte ich die Kleinen adoptiert. Ich taufte sie LeRoy, nach Bruce LeRoy, und Apollonia, nach Apollo und der Freundin von Prince im Film »Purple Rain«. Ach, Mist! Jetzt rede ich doch mit Fremden über Katzen, obwohl ich gesagt habe, dass ich das nicht mache. Schluss damit.

· · · · · · · · · · ·

# Eine Gruppe

Drei bis fünf Hexen mit einem ähnlichen Ziel können sich zu einer Esbat- oder Sabbatfeier versammeln (siehe Kapitel 6) oder gemeinsam an einem kreativen Projekt von spiritueller Bedeutung arbeiten. Ich würde Gruppen, die Mardi-Gras-Umzüge organisieren, zu dieser Art Coven zählen, obwohl sie sich möglicherweise selbst nicht so bezeichnen würden. Alle Gruppen, die sich mit so viel Leidenschaft, zeitlichem Engagement und kreativer Energie dem Ziel von Freude, Fülle, Schönheit und gemeinsamem Genuss verschreiben, sind in meinen Augen magisch.

Von Zeit zu Zeit habe ich das Glück, einem Ofen-Coven anzugehören. Das ist ein zwangloser Haufen von Küchenhexen, Künstlern, Schriftstellern, Schauspielern und Freunden, die sich versammeln, um aus extravaganten Zutaten Tränke (üblicherweise Cocktails) und fantasievoll-experimentelle Gerichte wie Pitahaya-Parfait und Bienenwabenkuchen herzustellen. Wir treffen uns in unregelmäßigen Abständen, um Rezepte auszutauschen, die en gros gekauften Spezialitäten zu verteilen und die magischen Zutaten gemeinsam zu verarbeiten (sie zu braten, zu schälen, zu schneiden und zu raspeln).

Doch meine Erfahrung mit dem magischen Miteinander beruht in erster Linie auf der Arbeit im Hexenladen. Der größte Vorteil einer Beschäftigung bei Enchantments ist nicht, dass man Zugriff auf alle Bücher und Materialien hat, die eine Hexe sich nur wünschen kann. Obwohl das ziemlich abgefahren ist. Das mit Abstand Schönste ist, dass man sich miteinander beraten kann. Alle Enchantments-Hexen haben ein Spezialgebiet oder verleihen Situationen eine bestimmte Energie, und wir stehen im ständigen Austausch bezüglich der Fragen und Bitten unserer Kunden. Du weißt inzwischen, dass es unzählige Möglichkeiten gibt, an einen Zauber heranzugehen, und manchmal braucht man einen Coven, um die eleganteste magische Lösung zu finden. Da so vieles Auslegungssache ist, ist der Erfahrungsaustausch im Hinblick auf meine magische Logik für mich unentbehrlich.

· · · · · · · ·

· · · · · · · · · · ·

## IM INTERNET SIND
## IMMER ALLE NETT

Wenn ich erzähle, dass ich bei Enchantments arbeite, höre ich gelegentlich: »Ach, den Laden kenne ich. Die sollen dort ja richtig fies sein.« Hallo? Ich bin nett! Ich bin sogar verdammt nett, und dabei bin ich nicht mal aus Kalifornien. Aber ich bin nur einmal die Woche im Laden. Wer weiß, an was für Hexen du bei deinem Besuch gerätst. Nein, im Ernst: Alle Leute, mit denen ich aktuell zusammenarbeite, sind echt nett – wenn auch nicht im konventionellen Sinn. Wahrscheinlich ecken wir manchmal an, weil wir zwar helfen, aber nicht gefallen wollen. Das ist nicht das übliche Kundenbetreuungsmodell im Einzelhandel, doch Enchantments ist auch kein gewöhnlicher Laden. Gelegentlich klagen Leute, wir würden ihnen keine Beachtung schenken. Sie verstehen nicht, dass wir einige Kunden ignorieren, weil wir gerade anderen Kunden helfen, grundlegende Fragen herauszukitzeln und ihre Träume zu verwirklichen. Für ein Trinkgeld. Ja, manchmal sagen wir vielleicht Sachen, die du nicht hören willst. Und um ehrlich zu sein, manchmal lassen wir jemanden links liegen, wenn er keine konkrete Frage hat, weil wir eine Pause brauchen. Wie du dir vielleicht denken kannst, kann es anstrengend sein, den ganzen Tag in einem Hexenladen zu arbeiten. Wer will da einigen von uns zum Vorwurf machen, dass sie den Kunden klare Grenzen setzen? Wir arbeiten in einem seltsamen kleinen und engen Laden voll mit schrägen Typen und Glitzer und brennenden Dingen, in dem die Kunden eine magische Therapie bekommen, während wir auf Zuruf für jeden, der von der Straße hereinschneit, personalisierte Symbole in Wachs ritzen. Da-

· · · · · · ·

rum sieh uns bitte nach, wenn wir einmal ein wenig schroff sind. Oder auch nicht. Du kannst ja jederzeit im Internet einkaufen. Im Internet sind immer alle nett.

. . . . . . . . . . .

# Coven

Manche magischen Traditionen sollte man am besten in der Gesellschaft gelehrter Menschen und im Rahmen einer spirituellen Übertragungslinie erkunden. Wie bei jedem anderen Handwerk ist es hilfreich, wenn man sich von erfahrenen Leuten leiten lassen und mit Gleichgesinnten experimentieren kann. In der Wicca-Tradition wird eine Gruppe als Coven bezeichnet. Der Begriff geht auf die gleiche lateinische Wurzel zurück wie die englischen Wörter *to convene* (dt. »sich versammeln«) und *covenant* (dt. »Bündnis«). Ein Coven besteht traditionell aus 13 Personen einschließlich des Hohepriesters und der Hohepriesterin. Wahrscheinlich ist dir aufgefallen, dass in der Wicca-Tradition das magische Potenzial des Wechselspiels zwischen männlicher und weiblicher Energie (auch Yin/Yang, positiv/negativ, aktiv/passiv, projektiv/rezeptiv, Lenny/Squiggy) im Vordergrund steht. Dies wird oft durch das Gleichgewicht zwischen Hohepriester und Hohepriesterin sowie im Großen Ritus durch die symbolische Darstellung des sexuellen Akts (Messer/Phallus in Kelch/Vagina) verdeutlicht. Ihr könntet bei einem Ritual auch echten Sex haben und würdet euch damit durchaus im traditionellen Rahmen bewegen, falls du und dein Coven so ticken. Was ich so höre, verzichten die meisten modernen Wicca-Coven allerdings in ihren Ritualen darauf. Also mach dir keine Hoffnungen oder lass dich nicht schrecken – je nachdem.

. . . . . . .

Bei den meisten Coven ist bei 13 Personen Schluss. Nicht, weil sie abergläubisch wären, sondern weil Gruppendynamiken eine heikle Angelegenheit und ab 13 Personen sehr schwer in den Griff zu kriegen sind. Deshalb haben sich die Wicca-Hexen Möglichkeiten ausgedacht, um mit dem Überhang fertigzuwerden. Die erste ist das Schwärmen. Es ist den Bienen nachempfunden, die eine zweite Königin heranziehen, wenn das Volk zu groß für den Stock wird. Sobald die neue Königin ausgewachsen ist, verlässt sie den Stock und nimmt einen Teil des Volks mit, um irgendwo neu anzufangen. Wicca-Hexen machen das ähnlich. Da wir Menschen und keine Bienen sind, sind die Details dieses Vorgangs weniger spannend. Während ich an diesem Buch schrieb, sind mir viele Geschichten über das Verhältnis der Coven zueinander zu Ohren gekommen – und die sind *echt öde*. Es sollte genügen, wenn ich sage, dass wir alle nur Menschen sind. Deshalb ist es clever, dass es einen Mechanismus gibt, damit wir uns voneinander verabschieden und unser eigenes Ding machen können, wenn die Zeit gekommen ist.

# Religionen in der Diaspora

Viele Angestellte sowie Kunden, die bei Enchantments ihren Ritualbedarf decken, praktizieren Religionen der Neuen Welt, die aus den Götterwelten und spirituellen Traditionen Afrikas entstanden sind. Santería, Vodou (Haiti) und Voodoo (Süden der Vereinigten Staaten) sind Variationen der Religionen und mystischen Praktiken Afrikas. Sie kamen mit unseren in die Sklaverei verkauften Ahnen nach Amerika, die sie bewahrten und den neuen Ländern und ihrer großen Not anpassten. Da es anders nicht möglich war, tarnten sie ihre Riten als christliche Gottesverehrung und Ikonografie.

Die Gottheiten der verschiedenen Richtungen sind sich oft erstaunlich ähnlich, wie Eleggua und Papa Legba. Beide sind Hüter der Wegkreuzungen und Trickster, beseitigen Hindernisse und dienen als Verbindung zwischen den Menschen und dem Göttlichen. Sowohl Erzulie (Vodou) als auch Oshun (Santería) herrschen über Liebe, Lust und Sinnlichkeit. Aber ihre heiligen Geschichten, ihre Lieblingsfarben, -nahrungsmittel und -düfte unterscheiden sich. Die Variationsbreite zwischen den mystischen Traditionen ist groß, doch die spirituellen Bedürfnisse der Menschen sind dieselben. Das wird besonders deutlich, wenn man bedenkt, dass unseren Ahnen in der Sklaverei gar nichts anderes übrig blieb, als sich auf einem fremden Kontinent unter grausamsten Bedingungen eine Möglichkeit des spirituellen Überlebens zusammenzuschustern.

Die spirituelle Gemeinschaft verehrt diese Götter mit ritueller Musik, Tänzen und Opfergaben. In allen genannten Traditionen gibt es auch den Aspekt der rituellen Besessenheit der Priester durch die von ihnen verehrten Geister. Man sagt, sie würden wie ein Pferd oder *cheval* von einem Geist »geritten«.

· · · · · · ·

Wenn von Besessenheit die Rede ist, faltet ein gewisser Teil der Anwesenden unweigerlich die Serviette, entschuldigt sich höflich und verlässt den Tisch. Aber denk jetzt bitte nicht, die aufgebauschte theoretische und praktische Darstellung der Besessenheit beträfe nur den spirituellen Ausdruck der afrikanischen Diaspora. Wiccaner und andere Magiewirkende europäischen Ursprungs haben ihre eigenen Rituale, um den Gott/die Göttin herabzuziehen oder einzuladen, vom Körper/Geist der Priesterin Besitz zu ergreifen. Die Vorstellung, die Kontrolle über den eigenen Körper, Geist oder Verstand abzugeben, löst aber auch bei mir und meinem Ego Besorgnis aus. Es gibt in diesen Traditionen feste Regeln zur Sicherung spiritueller Unterstützung (durch deine Paten), reinigende Initiationsriten sowie die Verpflichtung, die Gruppe zu schützen. Deshalb weisen ihre Anhänger auch so oft darauf hin, dass Nichteingeweihte zuerst Teil einer vertrauensvollen Gemeinschaft werden sollten, statt sich Hals über Kopf in intensive Erkundungen zu stürzen. Meine Einstellung hält mich aber nicht davon ab, diese Gottheiten in meiner persönlichen Praxis anderweitig zu ehren.

# Zeremonialmagie

Der Ordo Templi Orientis (Orden des östlichen Tempels oder Orientalischer Templerorden) widmet sich der Praxis der westlichen Zeremonial- oder Ritualmagie. Das ist eine bunte Mischung initiatorischer Traditionen, die von einer Gruppe namens Golden Dawn Anfang des 20. Jahrhunderts in England populär gemacht wurden. Die Grundlage bilden magische Praktiken der Renaissance, die in sogenannten *Grimoires* (geheimen Hexentagebüchern) überliefert wurden, uralte ägyptische Riten, die Kabbala und das Rosenkreuzertum. Im Grunde schnappten sie sich alles, was sie in die Finger kriegten, und würzten es mit einer Prise ihrer eigenen abgedrehten Vorstellungen, die von haufenweise Drogen genährt waren – zumindest im Fall von Aleister Crowley, dem Schutzarsch der Zeremonialmagie. Ich kann nicht viel zu den zahlreichen komplexen Initiationsebenen sagen, die wie auf einem Bild von Escher zusammenhängen. Es würde hier den Rahmen sprengen, denn das System ist überladen und offen gestanden irritierend. Es soll für Außenstehende wohl undurchdringlich sein. Fairerweise muss ich erklären, dass es zu den wichtigsten Funktionen vieler Initiationssysteme gehört, als schützendes Labyrinth zu dienen und die Hexenjäger fernzuhalten. Der Ordo Templi Orientis kann seine Geheimnisse behalten. Die detailverliebten Praktiken und komplizierten Hierarchien sollen einen bestimmten Menschenschlag ansprechen, und ich gehöre nicht dazu.

Falls du wild darauf bist, einen Zirkel oder Coven zu gründen, lautet mein bester Tipp an dieser Stelle: Versammle ein paar Freundinnen und Freunde um dich und teste die von mir vorgeschlagenen Zauber und Rituale, die dich interessieren. Wähle eine Gottheit und errichte ihr einen Altar. Veranstalte eine Party zu ihren Ehren. Du kannst eine Göttinnen-Gruppe gründen, um von deinen Erfahrungen zu berichten und zu sehen, ob andere Mitglieder gute Anregungen geben. Es gibt auch ein paar sensationelle Internet-Hexen, die mit viel Engagement virtuelle magische Gemeinschaften erschaffen haben. Schau sie dir an! Unterstütze ihre Arbeit und lass dich dazu inspirieren, selbst aktiv zu werden.

· · · · · · ·

# TEIL ZWEI

# Magische Absichten

# KAPITEL 8

# Gute Haushaltsführung, oder: Auflösen, schützen, bannen

In der Hexenkunst geht es darum, dass wir Notiz von den Kräften nehmen, die unaufhörlich in unserem Umfeld am Werk sind, und damit arbeiten. Es geht darum, empfänglich zu sein für die ... ach, Teufel noch mal, ich sag jetzt einfach »Schwingungen«. Ein besseres Wort gibt es nicht dafür. Ich habe wirklich gesucht, aber »Schwingungen« trifft es am besten. Damit meine ich nicht, dass du eine außersinnliche Wahrnehmung entwickeln sollst. Ich möchte dich einfach ermuntern, alle deine fünf Sinne zu nutzen, um eine aktive Rolle in deinem eigenen Leben zu spielen.

In seinem Essay »Pop Magic!« bezeichnet Grant Morrison diesen Bewusstseinszustand als magisches Bewusstsein. Ich habe den Text ja schon erwähnt, der mich nicht zuletzt dazu inspiriert hat, dieses Buch zu schreiben.

*Das magische Bewusstsein ist eine Möglichkeit,*
*die nähere Umgebung auf eine intensivere, bedeutsame*
*Weise zu erfahren und mitzugestalten, die Ähnlichkeit*

. . . . . . .

*mit einigen Drogentrips ... mit Nahtoderfahrungen*
*und so weiter hat ... Es ist der Zustand, in dem man*
*aus dem Kaffeesatz liest, in dem Flüche ausgesprochen,*
*Tore geschossen, Gedichte geschrieben werden.*

Dies könntest du auf eine ebenso einfache wie revolutionäre Art zum Ausdruck bringen, indem du deinem intuitiven Selbst die verdiente Anerkennung zollst, weil es dich von Gefahren fernhält und deinen Zielen näherbringt. Wenn du dir angewöhnst, von Zeit zu Zeit auf diese innere Stimme zu hören, wird sie lauter und hilfreicher.

Und wie kannst du dein intuitives Selbst wissen lassen, dass du zuhörst? Indem du seine Warnungen beherzigst und seine Hinweise beachtest. Wenn eine Situation sich komisch anfühlt, dann liegt das daran, dass sie auch komisch *ist*. Höre auf diese leise Stimme, indem du – selbst dann, wenn es sich nicht um ein Kampf-oder-Flucht-Szenario handelt – anerkennst, dass deine Empfindungen echt sind. Das Gefühl, dass du einem Menschen nicht vertrauen solltest, kommt daher, dass es so ist. Wenn jemand, mit dem du gern ausgehen würdest, scheinbar kein Interesse zeigt, dann weil er keines hat. Man muss kein Hellseher sein, um diese Dinge zu verstehen – und doch rennen die Leute zu Hellsehern, um sich diese Dinge erklären zu lassen. Und sie zahlen viel Geld dafür. Morrison empfiehlt weitere Experimente oder Übungen, um die übernatürlichen Muskeln zu stärken:

*Entspanne dich, mache einen Spaziergang und*
*deute alles, was dir unterwegs begegnet, als Botschaft*
*des Unendlichen an dich. Halte im Flug der Vögel Ausschau*
*nach Mustern. Bilde aus den Buchstaben auf den*
*Nummernschildern der Autos Orakelsätze ...*

· · · · · · · ·

*Achte auf den Straßenlärm, auf Graffiti-Sigillen,*
*auf die in schnelle, beinahe unterbewusste Befehle und*
*Bitten zerhackten Stimmen. Lausche auf das, was zwischen*
*den Zeilen ist. Laufe so weit und so lange, wie du es in*
*diesem Zustand der Offenheit als angenehm empfindest.*
*Je zielloser du umherwanderst und je mehr du es aus*
*schierer Freude an der Erfahrung tust, desto tiefer*
*wirst du ins magische Bewusstsein eintauchen.*

Ich lasse mich gern in diesem Zustand magischer Bereitschaft durch die Stadt treiben. Damit du dich an deiner neuen Offenheit für das Übersinnliche erfreuen kannst, wirst du allerdings schützende Grenzen ziehen und lernen müssen, wie man sich reinigt, damit du nicht wie ein schmuddeliger alter Windsack in der kosmischen Brise flatterst. Du kannst verrückt werden, wenn du dich allen Energien öffnest, die zufällig vorbeischweben. Du musst vorbeugende Maßnahmen treffen. Das ist, als würdest du einen Regenmantel über deiner Aura tragen. So kannst du alle Gefühle abschütteln, die du von Leuten aufschnappst, mit denen du zu tun hast, und die an dir kleben bleiben: zum Beispiel die Scham bei einem Seitenblick im Zug oder das mulmige Gefühl, das dich beschleicht, wenn jemand an deinem Arbeitsplatz auftaucht und behauptet, besessen zu sein, dich mit seltsamen Blicken durchbohrt und zuckt, weil der Dämon in ihm sich seinen Worten zufolge dem Versuch widersetzt, ihn loszuwerden. So was kommt vor. Und was soll man dann schon anderes sagen als: »Hallo! Kann ich Ihnen helfen?« Neinneinneinneinnein, ich kann nicht helfen. Natürlich kann ich nicht helfen, ich bin ja keine Exorzistin. Ganz ehrlich? Ich habe nicht mal den Film gesehen. Aber wenn ich keine klaren Grenzen meines geistigen und emotionalen Raums aufrechterhalten würde, könnte mich jemand mit derart vogelwildem Benehmen schon nervös machen.

. . . . . . . . . . .

## NADELMENSCHEN, TEIL 1

Ich habe den erwähnten Typen übrigens schon öfter gesehen. Er ist nicht besessen, sondern nur sehr, sehr seltsam. Wahrscheinlich leidet er. Das habe ich verstanden. Er kam am ersten Tag nach meiner 15-jährigen Pause in den Laden, und ich fühlte mich hinter der steinalten, klebrigen Registrierkasse gefangen, während ich mich bemühte, dem armen Kerl in seinen ausgefransten Gothic-Klamotten von Hot Topic ins Gesicht zu schauen, und er all meine hilfreichen Vorschläge ablehnte. Er war überzeugt davon, dass Auflösungs-, Bann- und Teufelsaustreibungszauber bei seinem Besessenheitsproblem nicht stark genug waren. Wenn ich jetzt darüber nachdenke, hatte er wohl recht. Er braucht die Hilfe eines Spezialisten. Es ist mir gelungen, ihn freundlich und ohne sein Geld zu nehmen fortzuschicken. Er taucht immer noch von Zeit zu Zeit im Laden auf und fragt wahllos nach beunruhigenden Dingen. Beim letzten Mal waren es schwarze Nadeln. Was immer das auch sein mag.

»Habt ihr schwarze Nadeln?«

»Meinen Sie Nadeln zum Nähen? Aber in Schwarz?«, fragten wir zurück.

Darauf er: »Nadeln? Schwarze Nadeln?« Er war leichenblass.

Also erkundigten wir uns: »Stacheln vom Stachelschwein? Nein? Eine ganz normale Nadel, schwarz lackiert? Warum machen Sie das nicht selbst?«

. . . . . . . .

Er ist bloß ein gestörter und verstörender Junge, der innerhalb von fünf Minuten kommt und geht wie ein Gewitter am Nachmittag. Aber die Sache lässt mich nicht los, weil ich Dinge spüren kann. Und an diesem Tag hatte ich vergessen, mir kurz Zeit zu nehmen, um mich zu schützen und mich von den Schwingungen meiner Mitmenschen nicht aus dem Takt bringen zu lassen.

· · · · · · · · · · · ·

Diese Maßnahmen machen einen großen Teil der Hexenarbeit aus. Du musst Sicherheitsvorkehrungen treffen. Du kannst auch magische Hygiene oder Selbstverteidigung dazu sagen, aber es ist so unverzichtbar wie Salz und Pfeffer. Es gibt so viele Möglichkeiten, die Sache anzugehen, dass es verschiedene Bezeichnungen dafür gibt. Ich werde mich jedoch nach Kräften bemühen, dir ein paar einfache Möglichkeiten zu präsentieren, damit du dich vor frei flottierender Negativität schützen kannst. Ich gebe dir auch Beispiele, wie du die miesen Schwingungen loswirst, die sich vielleicht bereits angesammelt haben.

# Kristalle

Wenn du auf (Edel-)Steine stehst, hast du Glück gehabt. Denn viele von ihnen kannst du als Schmuck oder in anderer Form am Körper tragen, um dein Zuhause, deine körperliche Unversehrtheit und deinen geistigen Raum zu schützen. Hier ein paar hervorragende Beispiele:

· · · · · · ·

- **Schwarzer Turmalin** (Schörl) soll Negativität absorbieren, wenn man ihn als Schmuck oder am Körper trägt. Er sieht knallermäßig aus, ist in seiner natürlichen Form matt und glänzend zugleich und weder sonderlich teuer noch sonderlich schwer zu finden. Ich empfehle ihn bei Toxizität am Arbeitsplatz.

- **Rauchquarz** ist ebenfalls leicht zu finden und nicht allzu teuer. Er soll einen erdenden Einfluss haben und helfen, negative Emotionen zu vertreiben. Indem du einen Rauchquarz bei dir trägst, kannst du deine emotionale Stabilität fördern. Der Rauchquarz hilft besonders denjenigen, die Schwierigkeiten dabei haben, mit beiden Füßen fest auf der Erde zu bleiben.

- Wie man weiß, trugen römische Soldaten Amulette aus **Tigerauge**, wenn sie in die Schlacht zogen. Sie sollten sie körperlich schützen und ihnen den Mut schenken, um der Gefahr – dem sprichwörtlichen Tiger – ins Auge zu sehen. Wenn ich es recht bedenke, kann ich mir keine bessere Beschwörungsformel zum Aufladen eines Tigerauges vorstellen, als mit dem Stein in der Hand zum Song »Eye of the Tiger« von Survivor die Muskeln aufzupumpen. Oh Mann, am liebsten würde ich es gleich ausprobieren.

- Der **Bimsstein** mit seiner porösen Oberfläche soll negative Energien aufsaugen wie ein Schwamm. Ein einfaches Bannritual könnte wie folgt aussehen: Du stellst dir vor, wie die Energie, derer du dich entledigen willst, über deine Hand in den Stein fließt, und wirfst ihn dann in ein Gewässer, ohne dich noch einmal umzudrehen. Das funktioniert auch mit allen anderen rezeptiven Steinen, aber wegen seiner Struktur ist der Bimsstein besonders gut geeignet.

# Auflösungszauber

Darf ich dir deinen neuen besten Freund vorstellen: den Auflösungszauber, den Meister Proper der Magie. Er dient dazu, negative Energien zu beseitigen, Blockaden zu lösen, schlechte Schwingungen zu vertreiben und den ganzen alten spirituellen und emotionalen Müll loszuwerden, der manchmal an einem – oder besser gesagt an jedem – klebt. Ich wette allerdings, dass gerade die Menschen besonders anfällig dafür sind, denen diese Dinge eben nicht schnurzegal sind. Wer sich mit dem emotionalen oder spirituellen Leben beschäftigt, wird merken, dass er zuweilen unausgeglichen oder einfach ... seltsam drauf ist. Schriftsteller sagen, sie hätten eine »Schreibblockade«. Streber fühlen sich »sabotiert«. Hexen sagen »verwünscht«, »verhext« oder »verflucht«. Hochdramatische Begriffe für einen kleinen Durchhänger. Im Laden bezeichnen wir diesen Zustand am liebsten mithilfe seines Gegenteils, indem wir anbieten, Verwünschungen aufzulösen, Zauber aufzuheben sowie Flüche zu brechen. Warum? Weil es die ganze Sache nur schlimmer macht, wenn man herumläuft und verkündet, man sei verflucht.

Die Vorstellung hinter einem Auflösungszauber ist, dass man – magisch gesprochen – reinen Tisch macht. Dass man die Zaubermaltafel schüttelt. Warte, mir fällt noch mehr dazu ein! Weil wir dieses Konzept den Kunden im Laden den ganzen Tag näherbringen müssen, sammeln wir immer mehr Metaphern dafür. Einer meiner Lieblingsvergleiche ist das »spirituelle Rohrfrei«. Aber im Ernst. Es geht darum, alles loszulassen, was dich nicht weiterbringt – alle Stolpersteine und alles Nebensächliche, jede Ablenkung aus dem Weg zu räumen.

· · · · · · · · · ·

## NOCH MEHR MAGISCHER HAUSPUTZ

Der erste Schritt bei jedem Auflösungszauber sollte darin bestehen, dass du deine dreckige Wohnung putzt. Wenn du das Gefühl hast, dass alles über dir zusammenbricht, solltest du unbedingt sicherstellen, dass dies nicht wörtlich gemeint ist. Falls du jetzt mit einem selbstgefälligen Grinsen denkst: »Bei mir blitzt und blinkt es überall. Ich mache jeden Tag das Bett, blablabla«, kannst du die Klappe halten. Wir sind eben nicht alle so perfekt wie du. Ich spreche mit allen anderen. Eine rituelle Reinigung hat große Ähnlichkeit mit dem ganz normalen Hausputz – du musst dabei allerdings noch genauer sein, weil du es auf unsichtbare Rückstände abgesehen hast. Wenn du in alle Ecken, unters Sofa und auf die Kommoden schaust, hat bereits dieser aufmerksame Blick eine reinigende Wirkung. Nachdem du den Boden gewischt hast, füllst du den Eimer mit verdünntem Florida Wasser. Dieses kostengünstige Kölnisch Wasser (siehe Kapitel 1) bekommst du im Tante-Emma-Laden oder *Botánica* um die Ecke oder im Internet, falls es kein solches Geschäft in deiner Nähe gibt. Es riecht wie eine bunte Mischung aus sämtlichen Blumen der Welt und Alkohol. Ich arbeite gern damit, aber mach dir keine Gedanken, wenn das nicht dein Ding ist. Es gibt viele Möglichkeiten, deine Umgebung zu reinigen. Vermutlich hast du dich noch nie gefragt, warum Meister Proper nach Zitrone duftet oder Pine-Sol Kiefernöl enthält. Falls doch, ist die Frage hiermit geklärt: Zitrone und Kiefer sind zwei der vielen frischen, klaren und adstringierenden Düfte, die für Reinigungs- und Auflösungszauber verwendet werden. Du könntest jetzt fragen: »Was also unterscheidet die rituelle Reinigung vom banalen Hausputz?« Nicht

· · · · · · ·

viel! Im Grunde liegt der Unterschied in deiner Einstellung. Das Putzen an sich ist schon ein mächtiges Ritual. Daher lautet die Frage nicht, wie du deinen Hausputz magisch machen, sondern wie du einen spirituellen Nutzen aus den kleinen Ritualen ziehen kannst, die bereits zu deinem Alltag gehören. Jede Reinigung kann eine rituelle Reinigung sein, wenn du es willst. Ist dir schon mal etwas Essbares auf den Boden gefallen, und du hast Gottes Segen erbeten und es trotzdem verspeist? Hast du dich jemals mit einem Zauberspruch gegen Läuse »geimpft«? Das sind rituelle Reinigungen. Jedes Bad kann zu einem rituellen Bad werden. Du musst nur ein wenig an der Oberfläche alltäglicher Gesten und Assoziationen kratzen, um festzustellen, dass du längst Magie praktizierst.

Mit ein paar einfachen Utensilien aus deinem Haushalt kannst du bewusst mehr tun, als nur sauber zu machen. Meine Lieblings-Power-Kombi ist ein einfaches Zitronen-Salz-Peeling, mit dem ich mich unter der Dusche von miesen Schwingungen befreie, zum Beispiel nach einem Tag besonders intensiver Begegnungen mit Menschen, die ich »Nadelmenschen« nenne. Ich halbiere die Zitrone und streue Salz auf die Schnittflächen. Dann reibe ich mich von oben bis unten damit ab, während ich die Zitrone ausdrücke, und spüle mit erfrischend kühlem Wasser nach. Salz- und Zitronenwasser gehören zu den am häufigsten empfohlenen Reinigungsmitteln für Ritualgegenstände, Steine, Schmuck und alle anderen Dinge, die du zu magischen Zwecken verwendest. Wenn ich keine Zeit für ein ordentliches Bad oder eine Dusche habe, besprenge ich mich zur schnellen energetischen Erfrischung mit Zaubernusswasser aus dem Drogeriemarkt. Andere verwenden vielleicht einen Spritzer Orangenwasser, Weihwasser oder Kölnisch Wasser.

· · · · · · · · · · ·

· · · · · · ·

Eine gute Vorgehensweise für einen Auflösungszauber ist die Kerzenmagie. Wie ich in Kapitel 3 bereits sagte, raten wir bei Enchantments standardmäßig zu einem Auflösungszauber, wenn jemand hereinkommt und nach der Frage, wozu er die Kerze denn gern hätte, tief Luft holt und sagt: »Ach, für dies und das«, oder: »Ich weiß gar nicht, wo ich anfangen soll«, oder: »Kann man damit auch mehrere Dinge auf einmal erledigen?« Wenn du nicht weißt, was du von einer magischen Wunschkerze willst, kann sie dir nicht helfen. Deshalb ist ein Auflösungszauber der richtige Weg. Eine klare Vorstellung ist der Schlüssel, um die beste und erfüllendste Lebensvision für dich und – wenn du es richtig machst – für alle anderen Lebewesen zu finden. Im Interesse einer besseren Welt müssen wir zusehen, dass wir unseren Mist geregelt kriegen, damit er uns nicht von den wichtigeren Dingen ablenkt.

Eine Kerze für einen Auflösungszauber ist üblicherweise mit einem Symbol versehen, das wie eine Kreuzung aussieht: Eine Linie verläuft von oben nach unten, eine weitere kreuzt sie in der Mitte von rechts nach links. Um den Kreuzungspunkt ziehst du einen Kreis. Er zeigt die Person, die den Zauber wirkt, am Scheideweg. Für Auflösungszauber wird üblicherweise folgende Visualisierung empfohlen: Stell dir vor, dass du mitten auf einer Kreuzung stehst und aus allen Richtungen klare Wege zu dir hin- und von dir wegführen.

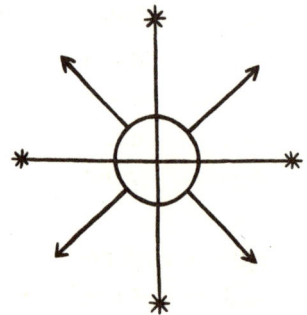

Normalerweise wird dieses Symbol in eine weiße Kerze geritzt (siehe Kapitel 2 zum Thema Farben). Das ist keine hohe Kunst. Du kannst das Muster mit einem spitzen Werkzeug ins Wachs drücken. Ich verwende ein schwedisches Taschenmesser mit Holzgriff. Es ist ein hübsches, sportliches Modell für 20 Dollar – weil ich es mir wert bin; und weil die Klinge nur auf einer Seite scharf ist und die Spitze die richtige Breite hat, um eine deutliche Furche im Wachs zu hinterlassen. Die Furche hat die ideale Tiefe für das Öl, den Glitzer oder die Kräuter, die ich einmassieren möchte. Wie aufwändig das Siegel wird, hängt von der Größe der Kerze ab, aber normalerweise handelt es sich immer um das erwähnte Kreuzungssymbol. Falls deine weiße Kerze in einem Glas steckt, ist auch das kein Problem. Nimm deinen heiligen Edding, mach dich ans Werk und male das Symbol einfach aufs Glas. Blau ist eine hübsch komplementäre Farbe, denn wie du weißt, wird es zur Beruhigung, für Frieden und Schutz eingesetzt. Vor einer Weile habe ich für eine Freundin aus einer Glaskerze und ein paar Tuben silberfarbenem Glitzerkleber aus dem 1-Euro-Laden eine Kerze für einen Auflösungszauber gemacht (weil Silber neutralisierend und ausgleichend wirkt). Manchmal muss man in der Magie und im Leben eben improvisieren. Vielleicht sogar immer.

Gelegentlich kommen die Leute nach einem Auflösungszauber noch einmal in den Laden und erzählen zum Beispiel: »Also, nachdem ich die Kerze angezündet habe, bin ich arbeitslos geworden und mein Freund ist ausgezogen. Aber dann habe ich einen alten Schulfreund getroffen, mit dem ich jetzt zusammen bin. Ich habe auch wieder angefangen zu studieren und bin echt glücklich. Es hat funktioniert, oder?« Ja, Schätzchen, es hat funktioniert. Weil deine Arbeit und deine Beziehung nicht hilfreich waren, musstest du Platz für Dinge schaffen, die *wirklich* gut für dich sein würden. Nette sagt immer, ein Auflösungszauber sei ein Vertrauensbeweis. Du vertraust darauf, dass das Universum – oder woran du eben glaubst – den von dir geschaffenen Platz mit dem füllen wird, was du wirklich brauchst.

Manchmal fällt es jedoch schwer, Platz zu schaffen. Gelegentlich scheint es einfacher, an den Dingen festzuhalten, die uns bremsen, als mit der Ungewissheit klarzukommen. Hier erhebt der puritanische Fundamentalismus, auf den die Vereinigten Staaten gegründet sind, erneut sein hässliches Haupt mit diesem »Spatz in der Hand«-Blödsinn. Ich glaube nicht daran. Ob der Spatz in deiner Hand besser ist als die beiden Tauben dort drüben auf dem Dach, wirst du erst wissen, wenn du sie zu fangen versucht. Und auch wenn du deinen Spatz fest umklammerst, wirst du trotzdem sterben, so wie alle anderen. Nur ohne zu wissen, wie es gewesen wäre. Ich wette, die beiden Tauben auf diesem wunderschönen Dach dort drüben sind die besten verdammten Vögel aller Zeiten. Die schnappe ich mir!

· · · · · · · · · · ·

## NADELMENSCHEN, TEIL 2

Ich weiß wirklich nicht, was die Leute immer mit Nadeln haben. Eine weitere nadelbesessene Kundin trat an den Tresen im hinteren Teil des Ladens, um nach einem Zauber zu fragen. Er sollte ihr helfen, mehr Klarheit in ihr Leben zu bringen. Sie hatte eine sehr eigene Art, eine höfliche Unterhaltung zu beginnen. Während wir arbeiteten, erzählte sie aus heiterem Himmel: »Ich habe eine Nadel im Kopf! Das ist wirklich wahr. Es ist passiert, als ich noch ein Baby war. Um die Jahrhundertwende kam das ständig vor, weil die Frauen immerzu nähten und stopften – auch wenn sie ein Baby auf dem Schoß hatten. Und von Zeit zu Zeit fiel eine Nadel mit der Spitze nach unten auf die Fontanelle eines Kindes und setzte sich irgendwo im Gehirn fest. *Im Ernst.* Bei mir ist das so. Meine Mutter sagt, sie hätte keine Ahnung, wie die Nadel in meinen Kopf kommt. Aber ich bin in Russland zur Welt gekommen und … vielleicht liegt's ja daran.« Was entgegnet man auf so was? »Mmmhmm«

· · · · · · ·

oder »Aha« oder »Okay« oder irgendeine andere unverbindliche Silbe, die man ein wenig dehnt, um damit sowohl Zweifel als auch die Unwilligkeit zum Ausdruck zu bringen, über die Sache zu diskutieren? Die Frau brauchte einen Auflösungszauber. Und  – falls irgendwie möglich  – musste sie auch die Nadel loswerden.

. . . . . . . . . . . .

# Schutzzauber

Glaubt man Scott Cunningham (siehe Kapitel 4), stehen Schutzzauber an erster Stelle aller magischen Kategorien, wenn es um die Zahl der verwendeten Kräuter und Zauber geht. Ein magischer Gegenstand, der nur den Zweck hat, den Träger vor Schaden zu bewahren, wird als *Amulett* bezeichnet. Nicht zu verwechseln mit einem *Talisman*, der Schaden abwehren oder Energien anderer Art anziehen kann. (Die beiden werden gern verwechselt, weil ihre Unterscheidung ein wenig unklar ist.) Sogar erklärtermaßen nichtreligiöse Menschen nutzen die Kraft von Amuletten. Der Wunsch des Menschen, sich und seine Lieben zu schützen, ist so stark, dass die meisten irgendwann den Drang verspüren, ihn zu ritualisieren. Sie laden Amulette damit auf, um ihn greif- und tragbar zu machen. Möglicherweise besitzt du eine Christophorus-Plakette oder ein Pentakel oder einen Davidstern oder eines dieser italienischen Hörner.

Meine Mutter sieht es so: Sobald ich die Grenzen der Metropolregion New York City überschreite, seile ich mich von einer Felswand am Rande der Welt ab. Sobald ich die Gegend verlasse, die sie kennt und im Geiste kartografiert hat, betrete ich Terra incognita: *Hic sunt dracones,* hier sind Drachen. Ich kann das Ge-

. . . . . . .

fühl nachvollziehen. Auch mir geht es so, wenn ich glaube, nicht das Geringste zum Schutz der Menschen tun zu können, die ich liebe. Wenn ich Glück habe, fällt mir dann aber wieder ein, dass ich im Grunde niemals – nicht einmal unter vermeintlich vorhersehbaren Umständen – die Kontrolle habe. Ich habe nur die Wahl, ob ich durchdrehe oder nicht. Gelegentlich verwechseln wir das Beten und das Hoffen, dass unsere Lieben in Sicherheit sein mögen, mit der gezielten Visualisierung der vielen furchtbaren Dinge, die im Leben geschehen können. Bei manchen Menschen ist dies ein schmaler Grat. Deshalb ist es wichtig, dass wir uns ausschließlich im Bereich der schützenden Visualisierung bewegen und nicht in die Angstfalle tappen.

Die Fürsorge, die Eltern und Betreuer den Menschen und Lebewesen angedeihen lassen, um die sie sich kümmern, ist in der Tat magisch: Das sind unsichtbare lebenserhaltende Impulse! Nachdem ich meinen Sohn bekommen hatte, stellte sich mir bald die Frage, warum ich nicht den Drang verspürte, einen Schutzzauber für ihn zu wirken. Dann wurde mir klar, dass alles, was ich tue, ein schützender Zauber für mein Baby ist. Es gibt einen ganz neuen Sender in meinem Kopf, der ohne Pause unbewusste Schutzmagie für mein Kind spielt. J. K. Rowling hatte recht! Harry Potters Mutter setzte die Kette der Ereignisse mit dem stärksten Zauber in Gang, den es im ganzen fiktiven Universum gab. Er hatte weder einen Namen noch gab es eine lateinische Beschwörung, und doch war er stärker als jede andere Magie.

Mein Lieblingsschutzzauber ist die in Kapitel 2 erwähnte Meditation mit dem blauen Ei. Er lässt sich sogar noch einfacher transportieren als ein kleines Amulett, denn er ist nur in deinem Kopf! Eine überaus praktische Verpackung. Wenn du auf der Suche nach etwas Greifbarem bist, werde ich dir eine Formel aus dem Buch *Magickal Formulary* von Herman Slater verraten, einem der Grundlagenwerke bei uns im Laden. Aber sag es nicht weiter. Du musst einen heiligen Eid der Verschwiegenheit schwören. Bevor du in Begeisterungsstürme ausbrichst, solltest du allerdings wissen, dass diese Formeln nicht immer angeben, woher der Zauber kommt oder in welcher Menge oder gar in welcher Form (Blatt, Wurzel, Öl) die genannten Zutaten zu verwenden sind. Jede Hexe muss selbst entscheiden, ob es ein Öl oder eine Räuchermischung werden soll. Sie muss auch erkennen, wann die Mischung für den gewünschten Zweck richtig riecht. Deshalb wird die Magie als Kunst und Handwerk bezeichnet. Du musst mit allen Sinnen bei der magischen Arbeit sein. Du musst dir die Hände schmutzig machen und akzeptieren, dass auch mal ein Zauber danebengeht.

Aber du solltest es unbedingt ausprobieren! Wenn du einige der folgenden Zutaten nicht bekommst, ist das in Ordnung. Es kann viel Spaß machen, mit einem Zauber zu experimentieren. Falls dir keine magische Apotheke zur Verfügung steht, zeige ich dir, wie du fehlende oder unerwünschte Zutaten ersetzen kannst, damit dich ein Mangel an Storax- oder Benzoeharz nicht vom Experimentieren abhält. (Das war ein Trickbeispiel! Storax- und Benzoeharz sind das Gleiche.) Du kannst auch die Gelegenheit nutzen, dir dein Hexen-Kräuterbuch zu schnappen oder online zu gehen, um eigene Recherchen zu magischen Alternativen anzustellen.

### HÄUSLICHER FRIEDE

Zitrone

Rose

Flieder

· · · · · · ·

Das ist eine alte Mischung aus dem Hoodoo. Für gewöhnlich wird ein Pulver hergestellt, mit dem man die Außengrenzen des Heims markiert, um auf diese Weise einen Schutzkreis zu ziehen und eine ruhige und harmonische Stimmung im Inneren zu erzeugen. Um ein Pulver zu mischen, kannst du Pfeilwurzelmehl oder jede andere natürliche Basis verwenden, die du auch auf die Haut auftragen würdest. Du musst getrocknete Rosen, Fliederblüten und Zitronenschale im Mörser oder in der Kaffeemühle zerkleinern und die Zutaten mit deiner Basis mischen. Nun kannst du noch ein paar Tropfen der jeweiligen ätherischen Öle zugeben. Während du die Zutaten mixt und immer wieder daran schnupperst und auf einen ausgewogenen Zauber hinarbeitest, lässt du deine Vorstellung von häuslichem Frieden einfließen. Diese Mischung kann auch helfen, die Luft nach einem Streit zu klären, wenn du ein paar Tropfen der genannten ätherischen Öle in den Luftbefeuchter gibst. Für ein friedliches Bad kannst du sie zudem ins Wasser geben.

Ehrlich gesagt finde ich Flieder schrecklich. Echter Flieder an einem Busch im Frühling ist etwas Wunderbares, aber in konzentrierter Form kann er widerlich süß sein. Außerdem ist es nahezu unmöglich, ein ätherisches Öl zu bekommen, da sich die zarten kleinen Fliederblüten kaum für den Destillationsvorgang eignen. Also musst du ein Duftöl kaufen – und wer weiß schon, wie es da um die Qualität bestellt ist und so weiter. Wahrscheinlich bist du mit einer Alternative besser bedient.

Auf der Suche nach Ersatz sollte man zunächst ermitteln, welchem Planeten und welchem Element die Originalzutat zugeordnet ist. In meinem Kräuterbuch steht, dass Flieder zum Team Venus und zur Kategorie Wasser gehört. Also suche ich in der Liste der Venuskräuter nach violettfarbenen Blumenalternativen. Da wäre das Veilchen: violett, süßlich und der Venus verbunden. Das sieht vielversprechend aus! Ich schlage auch dieses Blümlein nach und sehe, dass es zum Wasserelement gehört und ebenfalls dazu verwendet wird, den häuslichen Frieden zu fördern. Glück gehabt! Das Veilchen hat die richtige Schwingung und bekommt noch ein paar Extrapunkte für Flair.

# Einen Ort weihen

Wenn wir Fangen spielen, erklären wir beispielsweise die unterste Stufe einer Treppe zum »Freimal«. Für die meisten Rituale und Zauber brauchen wir ebenfalls einen klar umrissenen Raum: Wir ziehen eine Grenze um einen sicheren Ort, an dem das Ritual stattfinden soll. Du kannst dir das so vorstellen, als würde man – bildlich gesprochen – mit Urin den kreisförmigen Bereich markieren, der fortan als heilig gilt. Tempel und Kirchen haben ähnliche Grenzen, nur dass hier Mauern und Zäune Anfang und Ende der Ritualräume markieren. Hexen, Zauberer oder wie ihr magischen Kinder euch nennt, verfügen nur selten über dauerhaft geweihte Räume für magische Zwecke und verspüren nur selten den Wunsch danach. Da die Vorstellung von den Grenzen eines Rituals ein wenig abstrakt ist, müssen wir einen Kreis ziehen. Bei einigen heidnischen Gruppen beginnen alle magischen Zusammenkünfte (Sabbate und Esbate, siehe Kapitel 6) mit diesem Schritt. Wenn du in der Gruppe praktizierst, bleibt die Gestaltung des Rituals dir und deinen Freunden überlassen. Mal zeichnen die Menschen den Kreis auf die Erde oder den Boden, mal bilden sie ihn selbst. Oft erbitten die Anführer – also die Hohepriesterin oder der Hohepriester – zu Beginn den Schutz der vier Himmelsrichtungen und der spirituellen Prinzipien, denen die Gruppe verpflichtet ist. Der eine oder andere bezeichnet diese schützende Magie als *Bannen*. In einigen Traditionen wird dieser Schritt *Anrufung* genannt – das heißt, ihr bittet um den Schutz der Mächte, die ihr verehrt. Ich selbst verwende weder die eine noch die andere Bezeichnung. Aber ich praktiziere auch allein, und da kann ich mir das erlauben. Ich weihe den Ort für ein Ritual – ob im Freien oder in meinem Badezimmer – am liebsten mit wohlriechendem Rauch, zum Beispiel von duftendem Mariengras oder Sandelholz. Es ist schlicht eine andere Möglichkeit zu erklären: »Seht ihr diesen Bereich, der außen von diesen Mauern, unten von der Erde und oben vom Himmel begrenzt und von einem angenehmen Duft erfüllt ist? Dieser Bereich dient einem rituellen Zweck!«

# Spuk

Viele Leute glauben, dass es bei ihnen zu Hause spukt. Unlängst fragte ein Freund, ob ich seinem Mitbewohner helfen könne, der nachts immer wieder mit rätselhaften Kratzspuren erwache (von einem Geist?). Bei einer anderen Freundin fielen ständig die Regale von der Wand (wegen eines Geistes?). Ich zweifle nicht an der Aufrichtigkeit dieser Menschen. Aber es spielt keine Rolle, was des Nächtens bei dir poltert: Dieses Buch kann dir nicht sagen, ob es bei dir spukt. Offenbar wusste ich nicht mal um den Spuk in meiner *eigenen* Wohnung.

Ich war davon ausgegangen, dass es nachts allein im Hexenladen ziemlich gruselig wäre. Aber Nette hat einmal dort übernachtet und gesagt, es habe sich überraschend normal angefühlt. Anschließend schlief sie in meiner Wohnung, weil ich verreist war und sie auf meine Katzen aufpasste. Danach sagte sie, wenn man bedenke, wie viele Geister es bei mir zu Hause gebe, sei es

ganz schön unverfroren von mir, nach Gespenstern im Laden zu
fragen. Ich war überrascht, bis sie herausfand, dass es sich bei
mindestens einem der Geister um eine Katze und bei den anderen um verstorbene Verwandte handelte, die zum Spaß bei mir
rumhingen. Da war mir alles klar: »Ach, die meinst du!« Ich habe
einen Altar für meine jüngst verstorbenen Ahnen errichtet, denke oft an sie und hänge an den von ihnen geerbten Stücken. Wenn
das Spuk ist, nehme ich ihn gerne in Kauf.

So schön ich die Vorstellung auch finde, mich im Kreise der
Geister meiner Großeltern zu tummeln, möchte ich dennoch
nicht so tun, als wüsste ich, wie es nach dem Tod weitergeht. Woher sollte ich das wissen? Würdest du jemandem glauben, der
behauptet, er wüsste es? Und außerdem: Wen interessiert's? Das
hält mich aber nicht davon ab, mir vorzustellen, von meinen lieben Verstorbenen wie von einem megacoolen Gefolge begleitet
und unterstützt zu werden, wenn ich Rückendeckung brauche.
Es fühlt sich gut an und macht mich stärker. Liegt das daran, dass
ihre Geister mir Kraft geben? Ja. Nein. Vielleicht. Für mich macht
es keinen Unterschied, ob ich aktiv das Andenken an eine Person
bewahre oder ihr Geist mir Führung gibt. Ich zweifle keineswegs
an denjenigen, die einen Unterschied zwischen diesen Konzepten sehen. Aber in meiner Vorstellung sind sie miteinander verbunden und liegen in dem kleinen Schweizer Taschenmesser
meiner esoterischen Werkzeuge dicht beieinander. Es hilft mir
zu spüren, dass ich in meinem Leben das Sagen habe, dass ich
Teil eines Stammbaums bin und dankbar für die Verantwortung,
das Beste daraus zu machen.

# Bannen

Wenn du das Gefühl hast, dass es bei dir spukt, dass es sich dabei nicht um freundliche Vorfahren handelt und weder Auflösungs- noch Schutzzauber etwas bringen, solltest du es mit einem Bann- ritual versuchen.

Es gibt eine Reihe von Gründen, weshalb ich mir von den Kunden im Laden keine ausführliche Be- schreibung ihrer Geisterchen geben lasse – allen vo- ran, weil es tierisch langweilig ist. Ich will auch nicht lang und breit darüber informiert werden, wenn der Geist sehr lebhaft ist, allerhand Dinge umstößt und anderweitig herumpoltert. Es ist, als bekäme man einen Traum erzählt. Mir ist klar, dass das unhöflich ist. Ich entschuldige mich da- mit, dass es nicht der Bannabsicht entspricht, wenn man der Sache, die einen quält, seine Aufmerksamkeit schenkt. Du solltest lieber nicht zu viel Zeit und Energie in die Analyse einer von dir als negativ empfundenen Manifestation stecken. Ich sage nicht, dass es nichts zu analysieren gibt. Ich sage lediglich: Um eine Erscheinung zu beseitigen, musst du dir zuallererst die Energie zurückzuholen, die du andernfalls darauf verschwenden würdest, dich so sehr dafür zu interessieren.

Das »Bannen« hört sich nach einer furchtbar ernsten Angele- genheit an, dabei ist es ein echter Spaß. Wirklich. Wenn ich das sage, glaubt mir erst mal niemand. Es gibt viele Rezepte für Bann- räucherwerk und -tränke. Am erfolgreichsten aber sind Bannri- tuale, bei denen man Spaß und Freude hat. Das Kichern der He- xen mag tatsächlich ein wenig boshaft klingen. Doch wenn man es genau bedenkt, ist es – im Vergleich zu den anderen Hexen- stereotypen, dass Hexen böse sind oder dicke Warzen auf der

Nase haben – ein echtes Charakteristikum. Es kommt nicht oft vor, dass das unverwechselbare Gelächter einer bestimmten Personengruppe so hervorgehoben wird. Das Gekicher der Hexen besitzt in der Tat eine anarchische Kraft, der nur das diabolische Lachen der Bösewichte und das manische Gelächter der Verrückten gleichkommt. Viele Hexen finden sich irgendwann in ihrem Leben in einer oder gar beiden Kategorien wieder.

Die Energie wahren Frohsinns vertreibt – oder bannt – das Böse. Licht, Lachen und Genuss gehören zu den wertvollsten magischen Werkzeugen in deinem Arsenal, um hartnäckige beklemmende Energien loszuwerden. Zelebriere dort, wo es bislang spukte, ein Reinigungs- oder schlicht ein Aufräumritual und gib im Anschluss daran sofort eine Party! Koch was Schönes, trink was Gutes, rauch einen Joint! Die wirksamste Form des Bannens ist es, den Dingen ins Gesicht zu lachen, die dich ängstigen. Allem Anschein nach wirkt der Klang deiner Lebensfreude abstoßend auf die Koboldfraktion. Darum solltest du ordentlich auf den Putz hauen!

# Lektüreempfehlung

Mickaharic, Draja: *Spiritual Cleansing. A Handbook of Psychic Self-Protection,* York Beach, ME: Red Wheel/Weiser 2012.

Slater, Herman (Hrsg.): *The Magickal Formulary,* New York City: Magickal Childe 1981.

Ascher, Ulrike: *Hexen-Einmaleins für freche Frauen,* München: Ariston 2000. (Anm. d. Ü.)

# KAPITEL 9

# Wenn's um die Liebe geht, sind alle ein wenig bescheuert, oder: Die Magie der Anziehung

*Es ist nicht deine Aufgabe, nach Liebe zu suchen,*
*sondern lediglich nach den Barrieren in dir,*
*die du dagegen errichtet hast.*

RUMI

Ist es denn zu glauben? Jetzt habe ich glatt Rumi zitiert. Wie dreist ist das denn? Wer bin ich überhaupt? Oprah? Und was soll das hier werden? Yoga? Jetzt bin ich endgültig zu weit gegangen. Aber nur, weil ich die Unverfrorenheit besitze, mystische Gedichte aus dem alten Persien hervorzukramen, heißt das noch lange nicht, dass du den Wahrheitsgehalt meines Rumi-Zitats ignorieren könntest. Denn es bildet den Kern dieses Kapitels

· · · · · · ·

über die Liebe. Wenn du das Geheimnis lüften willst, wie du die süße Jane oder den sexy Johnny verrückt nach dir machen kannst, wird dir nicht gefallen, was ich zu sagen habe: Das ist eine saublöde Idee, und dein Plan ist ein saublöder Plan. Derartige Zauber sind jederzeit machbar, doch man kommt damit schnell in Teufels Küche. Ich werde dir bessere Ideen und Strategien zeigen, wie du bekommst, was du wirklich willst – und das ist keinesfalls die Aufmerksamkeit von einer Person, die dir ihre Aufmerksamkeit nicht geben will. Diese Wahrheit ist bitter, und viele von uns donnern immer wieder mit dem Kopf dagegen wie gegen eine Spindtür in einer romantischen Komödie aus den 80ern. Aber das ist in Ordnung. In Sachen Liebe und Romantik haben wir alle unter der Last kindischer Fantasien zu leiden. Es gibt einfach zu viele Filme darüber! Wir bekommen massenweise idiotische Botschaften, die uns blockieren.

Bei einem Liebeszauber gilt wie bei allen anderen Wünschen: Überlege dir konkrete Dinge, die du gerne hättest. Vielleicht wünschst du dir jemanden, der gern lange Strandspaziergänge macht und dich zum Lachen bringt. Diese Wünsche sollten so formuliert sein, dass ein Teil der Bevölkerung ausscheidet. Leider sind Strandspaziergänge und Humor furchtbar schlechte Beispiele. Nur ein Banause wüsste die Erhabenheit des Übergangs von Wasser zu Land nicht zu schätzen, und jeder Depp hält sich für komisch. Lass dir etwas Besseres einfallen! Vielleicht suchst du eine unabhängige, engagierte, ihren Job liebende Frau, die mit der gleichen Begeisterung Vögel beobachtet wie du. Oder einen Mann mit einem Faible für das Burning-Man-Festival, der Pizza mit Sardellen mag. Bastle dir den perfekten Partner, der zu dir passt. Er sollte nicht die Eigenschaften haben, von denen du glaubst, dass du sie dir wünschen solltest, sondern die Eigenschaften, die dich wirklich ansprechen.

· · · · · · · ·

Attraktiv auf die Menschen zu wirken, die du anziehen willst, ist das eine. Derartige Zauber sind problemlos machbar. Die Menschen verwenden so viel Zeit und Energie auf die Partnersuche, dass dieser Bereich bestens erforscht ist. Klarheit darüber, wen und was man anziehen und halten will, ist etwas völlig anderes. Hier wird es deutlich schwieriger, da viele von uns eine komplizierte Beziehung zu ihrem Selbstwertgefühl haben und denken, dass wir Abstriche machen und uns mit weniger zufriedengeben sollten. Kennst du den Song »Vision of Love« von Mariah Carey? Ich meine, hast du ihn dir schon einmal richtig angehört? Denn er ist überaus schlicht und gleichzeitig so megatiefsinnig, dass man es kaum mitbekommt. Ich würde mir wünschen, dass jemand den Song als Beschwörungsformel für einen Liebeszauber verwendet, weil er eine wunderbar wortgetreue Beschreibung des Zaubervorgangs ist. Ich fürchte nur, wenn ich den Text hier abdrucke, wird Mimi mich verklagen. Deshalb muss es genügen, wenn ich sage, dass sie ein klares Bild von der Liebe vor Augen hatte und nächtelang getreulich betete ... huch, das war jetzt schon eine Zeile aus dem Song. Das Lied enthält sogar eine kurze Liste mit Eigenschaften, die bei einem Liebhaber wichtig sind, wie Freundlichkeit (die vermutlich wichtigste von allen). Darüber hinaus schildert es in groben Zügen, wie man visualisiert, den Glauben bewahrt und voller Dankbarkeit seinen Lohn empfängt. Herzlichen Dank, Mimi!

Wo war ich gerade? Ich glaube, ich habe gesagt, dass du eine Liste machen sollst. Du solltest auch ein paar Eckdaten festlegen, die gern vergessen werden, zum Beispiel Verfügbarkeit und räumliche Nähe. Denn was ist, wenn du jemanden kennenlernst, der zwar alle Kriterien erfüllt, aber bereits vergeben ist? Oder wenn die Person zwar interessiert und frei ist, aber tausend Kilometer weit weg lebt? Fehlgeleitete Liebeszauber vermitteln folgende Lehre: Das Problem ist nicht, dass es nicht funktioniert. Das Problem ist, wenn es funktioniert, *bekommst du zwar, was du willst, aber willst im Grunde nicht, was du bekommst.*

Ich werde das genauer aufdröseln, denn es ist wirklich wichtig. Es gibt verschiedene Möglichkeiten, an einen Liebeszauber heranzugehen. Das ist untertrieben. Es gibt unendlich viele Möglichkeiten, an einen Liebeszauber heranzugehen. Aber ich vereinfache das jetzt einmal und sage, dass es Liebeszauber der aufdringlichen und der anziehenden Sorte gibt.

Wie der Name schon sagt, gehen Erstere die Sache auf eine eher unhöfliche (manch einer würde sagen unethische) Weise an. Wenn jemand in den Laden kommt, um einen Menschen zurückzuholen, der sich aus freien Stücken dafür entschieden hat, eine Beziehung zu verlassen, finde ich das übergriffig. Es gelingt uns fast immer, unseren Kunden diese Idee zur »Rettung« ihrer Beziehung auszureden. Manchmal genügt es schon, wenn wir beiläufig Alternativen erwähnen. Ein anderes Mal müssen wir – wiederholt – erklären, dass man einen ruinös hohen Preis bezahlt, wenn man den Willen anderer beeinflusst. Man verzichtet auf die Chance, Zufriedenheit zu finden. Der deutlichste Hinweis darauf, dass manipulative Liebeszauber nicht funktionieren, ist dieser: Wer einmal damit angefangen hat, ist dazu verdammt, so weiterzumachen. Wahre Liebe entsteht und erneuert sich immer wieder. Manipulationen müssen ununterbrochen aufrechterhalten werden.

Manche Kunden verlangen diesen Mist aber auch dann noch, wenn ich ihnen all das erklärt habe. Und je nachdem, wie sie auf eine Mitarbeiterin zugehen, wird ihnen ihr Wunsch vielleicht sogar erfüllt. Wir versuchen nach Möglichkeit, den Leuten manipulative Zauber auszureden. Manchmal weigern wir uns sogar, sie zu bedienen. Wir sind nicht verpflichtet, Menschen bei bösartigen Vorhaben zu unterstützen. Überall dort, wo ich am liebsten arbeite, hält man sich streng an den Grundsatz: »Wenn Ihnen das nicht passt, können Sie gerne gehen!« Mir sind schon viele magische Fieslinge begegnet, und man sieht es diesen Menschen wirklich an. Es steht ihnen ins Gesicht geschrieben. Es ist, als würden ihre Züge in einem hässlichen Licht erscheinen. Wir verzichten gerne darauf, Geschäfte mit Leuten zu machen, die unlautere Absichten verfolgen. Und da wir gerade ein wenig frech sind, möchte ich die Gelegenheit nutzen, um zu sagen:

## VERMUTLICH SOLLTEST DU EINFACH
## MIT IHM SCHLUSS MACHEN

»Aber ich liebe ihn doch«, gehört zu den Sätzen, die ich am wenigsten mag. Er dient als Rechtfertigung dafür, dass du dich verarschen lässt und dir auch noch einen Nachschlag holst, obwohl du dir damit nichts als Schmerz und Streit einhandelst. Und das nennst du dann *Liebe*. Aber selbst wenn es *tatsächlich* Liebe wäre: In dieser Form findest du sie überall. Warum klammern? Hab Vertrauen, dass der Mensch oder die Situation, nach der du suchst, wirklich zu dir passt – und dass die Passform nicht nur dann stimmt, wenn du einen Schritt zurücktrittst und die Augen zusammenkneifst.

Einmal kam eine Frau in den Laden, und als ich meine Hilfe anbot, sagte sie: »Ich glaube, ich will mit meinem Verlobten Schluss machen. Wahrscheinlich brauche ich eine Kerze für Klarheit oder so.« Worauf ich erwiderte: »Sie sind gerade in einen Laden marschiert und haben einer wildfremden Hexe erzählt, dass Sie mit Ihrem Verlobten Schluss machen wollen. Meiner Ansicht nach ist die Sache klar. Warum tun Sie's nicht einfach?« Sie hat nichts gekauft, aber sie hat bekommen, was sie brauchte: Die Erlaubnis einer äußeren (höchst zweifelhaften) moralischen Autorität. Hiermit gebe ich auch dir – also allen, die diesen Satz jetzt lesen – die ausdrückliche Erlaubnis, mit allen Menschen und Situationen Schluss zu machen, die dich nicht weiterbringen. Wirklich. Mach Platz in deinem Leben für etwas Besseres. Es kann schon sein, dass es im Leben und auf der Welt tatsächlich ein wenig knapp zugeht, aber ein guter Liebeszauber setzt nicht auf Hamsterstrategien. So läuft das nicht. Mit der Liebe kann man nicht geizen. (In Kapitel 10, wenn es um Geldzauber geht, werde ich das Gleiche sagen.) Man kann nicht erwarten, vom Himmel mit Reichtümern überschüttet zu werden, wenn man sich nicht am freien Austausch beteiligt. Das mag sich bescheuert anhören, aber hier geht es um die Liebe, und wenn es um die Liebe geht, sind alle ein wenig bescheuert.

Deshalb gibt es zum Glück die Liebeszauber der anziehenden Sorte! Ich freue mich riesig, euch davon erzählen zu können, und muss mir für mein neues Vokabular ein wenig auf die Schulter klopfen! Sie bewirken Liebe, Glamour und körperliche Anziehungskraft. Du weißt, was ich meine, also kannst du es nennen, wie du willst! Es gibt unzählige Varianten davon, da die Menschen über Schlüssel und Schlösser in allen Formen und Größen verfügen. Du kannst dir vorstellen, dass ich den Sachverhalt an dieser Stelle mit ein paar obszönen Handbewegungen illustriere. Bei dieser Art Zauber arbeitest du an deinen liebenswertesten Eigenschaften und machst sie zu einer – liebevollen – Waffe, um eine Energie anzuziehen, welche die deine ergänzt. Viele Wiccaner bedienen sich des Konzepts der Polarität oder der Notwendigkeit, im Leben und in der Magie mithilfe von gegensätzlichen Ladungen die nötige Energie zu erzeugen, um etwas Neues hervorzubringen. Aus diesem Grund arbeiten viele Wicca-Hexen in Paaren (die oft aus einem Mann und einer Frau bestehen), um die

Polarität zu betonen und wie bei einer Batterie geistige Energie zwischen den Polen zu erzeugen. All das ist eine Metapher für die Vereinigung des Gottes (des resonanten aktiven, feurigen, potenten Archetyps) und der Göttin (des resonanten empfänglichen, hervorbringenden, fließenden Archetyps), deren Liebesbeziehung in den Fruchtbarkeitszyklen der Natur zum Ausdruck kommt (siehe die Geschichte vom Eichen- und vom Stechpalmenkönig in Kapitel 6). In der Liebesmagie empfehle ich meist, sich für eine der Rollen in dieser Geschichte zu entscheiden und sie einfach mal anzuprobieren wie ein Kostüm. Der Trick besteht darin, dass du eine Zeit lang den Aspekt des Gottes oder der Göttin verkörperst, der dir deine beste, hinreißendste Seite am stärksten vor Augen führt.

· · · · · · · · · · ·

## DIE LADY MIT DEM GROSSEN HERZEN

Inanna ist die altsumerische Göttin der Liebe, der Sexualität und des Kinderkriegens. Zudem hat sie etwas von einer Kriegerin. Sie gehört zu den am frühesten dokumentierten Göttinnen und war ursprünglich eine Fruchtbarkeitsgöttin (im Sinne der Vegetation). Gegen 2250 v. Chr. verkündete die einflussreiche Priesterin und Dichterin Enheduanna die Vereinigung von Inanna mit Ischtar, einer weiteren Liebes- und Kriegsgöttin der damaligen Zeit. In der Gestalt der Femme fatale sollte sie später als Inspiration für die griechische Verführerin Aphrodite und die römische Venus (der Göttin und des Planeten) dienen. Die eher maskulinen Anteile ihres Mythos flossen in die Geschichte der Kriegsstrategin Athena Nike ein. Darstellungen dieses kriegerischen Aspekts zeigen sie oft auf dem Rücken eines Löwen, als wollte sie sagen: »Ich bin so wild und stark, ich steige auf den Rücken des Königs der Tiere wie ihr in ein Taxi.« Inanna wird als unabhängig und ehrgeizig beschrieben. Die Verschmelzung mit Ischtar mithilfe von Enheduanna war ein geschickter und bossmäßiger Schachzug. Dank der kombinierten Macht von Inanna und Ischtar wurde sie zur schärfsten und mächtigsten Göttin überhaupt. Dies hatte sie dem Umstand zu verdanken, dass die zu ihren Ehren von Enheduanna geschriebene Dichtung als erstes literarisches Werk den Namen der Autorin trägt. Offenbar ließ sich auch Enheduanna durch Inannas Beispiel zu ein paar krassen bossy Schachzügen inspirieren.

Wenn ich sage, dass du probeweise in eine Rolle schlüpfen sollst, meine ich damit, dass du es in deiner Vorstellung tust. Einige von uns finden Recherchen nicht sonderlich sexy. Aber indem du dich über die Eigenschaften, die Einstellung und die Vorlieben einer Gottheit informierst, sammelst du Hinweise, die dich an deinen Wunsch erinnern können. Nehmen wir an, du weißt, dass Oshun Kürbisse, gold-glänzende Dinge, Flüsse, gelbe Blüten und Champagner mag. Dann kannst du dich im Laufe des Tages jedes Mal, wenn du eines dieser Dinge siehst, davon an sie und an die verführerischen Aspekte erinnern lassen, in denen du ihrem kosmischen Beispiel folgst.

· · · · · · · · · · ·

## BEI MIR HEISST SIE AFRO-DITE

Oshun. Sie ist die *Orisha* (Göttin aus der Religion der Yoruba) der sinnlichen Liebe, der Fülle und der Pracht eines runden braunen Körpers. Wir sind allerbeste Freundinnen. Beyoncé verkörperte sie in ihrem Video zu dem Song »Hold up« aus dem Album *Lemonade*, in dem sie im wallenden goldenen Gewand fröhlich-wütende Zerstörung bringt. Die Königin, Rihanna, die bei der Met Gala in ihrem Kleid mit der dreieinhalb Meter langen Schleppe aussah wie ein Kanarienvogel, der einen Kanarienvogel verspeist hat, sprach unsere angeborene hedonistische Sehnsucht nach luxuriöser Süße an. Oshun ist das Prickeln von Champagner.

· · · · · · · · · · ·

Du kannst dich auch in deine Rolle hineinversetzen, indem du die Düfte des sexy Archetyps trägst, den du gerade testest. Ich werde ein paar der üblichen Verdächtigen nennen, aber du solltest das Internet als deine persönliche vollständige Liste betrachten. Stell Recherchen über Liebesgottheiten und die Düfte an, die ihnen heilig sind. Fang bei den Archetypen deines persönlichen kulturellen Hintergrunds (oder Hintergründe) an. Du musst es nicht dabei belassen, aber ich glaube fest daran, dass man die Magie, die man braucht, immer in seiner unmittelbaren Nähe findet.

Wir stellen im Laden Ölmischungen zu Ehren dieser sexy Königinnen her – viele Läden tun das. Du kannst die gleiche Wirkung auch mit einzelnen Düften erzielen:

- Aphrodite (Fräulein Venus für die Römer) kannst du mit Rose, Florentiner Schwertlilie, Jasmin oder Ylang-Ylang verehren.
- Um dich wie Oshun zu fühlen, könntest du Zimt, Sandelholz oder Sternanis ausprobieren.
- Sowohl Freya aus dem nordischen Pantheon als auch Erzulie aus dem Vodou haben eine Schwäche für Erdbeeren.
- Ägyptischer Moschus für Kleopatra, Apfelblüte für Eva … wir könnten bis in alle Ewigkeit mit diesen Beispielen weitermachen.

Wähle einen Gott oder eine Göttin und nutze ihre erhabenen Eigenschaften, um das Gegenstück von dir anzuziehen. Und jetzt reden wir über Sex! Das sollte nicht lange dauern. Schließlich ist das ein Gebiet, auf dem es weniger ums Reden als vielmehr ums Tun geht. Ich sollte dich damit aber lieber zu Nette schicken, denn in meinem Geburtshoroskop habe ich Mars und Venus in den Fischen (die Planeten von Lust und Liebe stehen im Zeichen der Träume und der Illusion). Das heißt, ich kann Sex und Liebe nicht voneinander trennen. Meine Gefühle sind meine Stärke, und wenn ich mich mit auf dem Rücken gefesselten Emotionen in eine Situation begebe, empfinde ich das als Nachteil. Nette dagegen hat Mars im Wassermann (Gruppenaktivitäten) und Venus im Schützen (große Party). Als ich ihr diese Zeile vorlas, wurde sie bei dem Gedanken an meine auf dem Rücken gefesselten Hände *ganz wuschig*. Man beachte den Unterschied.

Im modernen Hexentum und in der Kultur des vorchristlichen europäischen Altertums geht es bei allen Riten und Ritualen um eine Phase oder einen Aspekt des Fruchtbarkeitszyklus. Wenn wir über diese Kulturen sprechen, geht es deshalb zwangsläufig auch um Inhalte, die nur für Erwachsene bestimmt sind. Die Praxis in einem Wicca-Coven ist nichts für prüde Hexen. Einige, aber nicht alle Coven feiern ihre Rituale *im Himmelskleid*. Das ist Hexenjargon für nackt. Die Liturgien enthalten viele unverhohlen sexuelle Symbolelemente (im Gegensatz zu der sublimierten sexuellen Symbolik, die in den Ritualen anderer Religionen zu finden ist).

Im Laden führen wir mehr als genug Gespräche über Themen, die eigentlich nichts am Arbeitsplatz zu suchen haben. Wir sagen nichts Ungehöriges, wir sind nur anatomisch korrekt und reden am laufenden Band darüber. Es liegen überall Penisse und Vaginen in Form von Kerzen herum. Oder sind es Kerzen in Form von Penissen und Vaginen? Wer weiß das schon? Es gibt sie jedenfalls in drei Farben. Von unserem Zaubertrank »Schmutzige Laken« habe ich ja schon berichtet (siehe Kapitel 2), und gut die Hälfte aller magischen Rezepte in unserer Kartei dienen der Anziehung sexueller oder romantischer Liebe. Es ist spannend, einen Job zu haben, bei dem man im Laufe eines ganz normalen Arbeitstags mit Fremden überlegt, wie sie flachgelegt werden könnten. Die Hexen von Enchantments sind die heimlichen Helferlein eines kleinen, aber sexy duftenden Teils der Bevölkerung. Und wir nehmen diese Aufgabe ernst.

Die Entscheidung, welche Liebeszauber wir anbieten, hängt davon ab, welche Variablen wir in der kurzen Zeit mit unseren Kunden klären können. Sie verraten uns, welche Verkörperung des Gottes bzw. der Göttin, welcher Duft oder welches Rezept zu ihnen passen könnte. »Die Frau hat eine braune Hautfarbe und trägt Armreifen aus Kupfer, vielleicht Oshun.« »Diese Person arbeitet als Schweißer, also Brigid.« »Er ist jugendlich und poetisch, da passt Eros.« Allerdings ist das eine subjektive Sache. Du musst experimentieren, um herauszubekommen, welcher Duft bei dir anziehend wirkt.

Was ist mit Leuten, die sagen: »Parfüm geht gar nicht. Kann ich trotzdem mit allen Sinnen in sexy Luxus schwelgen?« Selbstverständlich! Vielen Dank für deine Frage. Du könntest das folgende supereinfache Liebesbad ausprobieren. Du brauchst dazu nicht mehr als einen Chai-Teebeutel. Chai-Tee-Mischungen enthalten meist Gewürze wie Ingwer, Kardamomkapseln, Zimt, Sternanis, Fenchel, Pfefferkörner, Muskat oder Nelken, die man aufladen und bewusst einsetzen kann, um Lust und Liebe anzuziehen. Wenn du ein klitzekleines bisschen verrückt bist, so wie ich, kannst du noch Milchpulver und Honig ins Badewasser geben und so einen extra sexy Latte für deinen Körper zaubern.

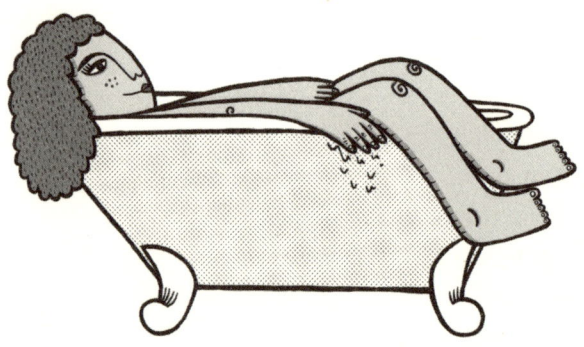

Da wir gerade bei meinen Badegewohnheiten und anderen peinlichen Dingen sind, können wir auch gleich über meine Liebeszauber sprechen. Sie haben alle funktioniert. Allerdings selten so, wie ich mir das gedacht hatte. Ich spreche ausschließlich von Zauberei der anziehenden Sorte – und auch da (wie ich errötend und händeringend gestehe) nur von harmloser und unaufdringlicher Magie. Mag sein, dass ich auf mystische Weise einen intensiven Fokus und eine starke Absicht gesetzt habe. Aber ich habe niemals bewusst einen echten Zauber gewirkt, damit sich einer der beiden berühmten, viel zu alten, längst vergebenen, völlig unerreichbaren und wenig geeigneten Menschen in mich verliebte (oder auch beide), auf die ich als junges Mädchen fixiert war wie ein Perpetuum mobile schwärmerischer Energie. *Allerdings* sollten sie ihre Töchter später aus unerfindlichen Gründen beide Mya nennen. Weshalb sie Mya vermutlich *tatsächlich* ein Leben lang lieben und ehren werden. Der Zauber hat gewirkt! Und auch wieder nicht. Zum Glück. Jetzt sind alle zufrieden, und niemand wurde auf magische Weise gezwungen, sich strafbar zu machen! Das Universum gibt tatsächlich auf uns alle acht.

Meinen Mann habe ich übrigens in einem Kürbis gefunden! Aber das ist eine lange Geschichte.

# Lektüreempfehlung

González-Wippler, Migene: *Santería. The Religion,* St. Paul, MN: Llewellyn 1994.

Holzapfel, Varuna: *Santería – Der Voodoo der Kubaner*, Woldert: Smaragd Verlag 2003. (Anm. d. Ü.)

Janet und Stewart Farrar: *The Witches' Goddess,* Custer, WA: Phoenix Publishing 1998.

· · · · · · · ·

# KAPITEL 10

# Stapelweise Scheine, oder: Geldzauber

Ich habe festgestellt, dass Geldzauber bei einem speziellen Bedarf besser funktionieren als bei genereller Gier. Wenn du langfristig nach Reichtum strebst, bist du besser damit beraten, wenn du auf beruflicher Ebene ansetzt. Dann solltest du deine Karriere ankurbeln sowie Lob und Kundschaft für dein Geschäft anziehen. Falls du selbstständig bist und dir finanziellen Erfolg wünschst – dies gilt besonders für Schauspieler, Tänzerinnen, Sexarbeiter und Freiberuflerinnen aller Art –, kann ein Wohlstandszauber deine Finanzen aufbessern, sofern du auch auf irdischer Ebene die dazu nötige Arbeit machst. Wie oben, so unten. Wenn du Geldzauber wirkst, solltest du keinesfalls das uramerikanische Ritual des Trinkgeldgebens vernachlässigen. Mit einem Wohlstandszauber tauchst du in den Fluss des Reichtums ein, der dich umgibt – aber du musst deine Bereitschaft demonstrieren, beim großen Austausch von Kapital mitzumachen. Du musst Trinkgeld geben! Während du einen Geldzauber am Laufen hast, solltest du sowohl bei der Höhe als auch der

Häufigkeit des Trinkgelds großzügiger sein als sonst. Wenn du das Universum um Wohlstand bittest, zahlt es sich nicht aus zu knausern.

Kaufe Blumen, trage Modeschmuck und verwandle dich in deine persönliche Idealvorstellung von Luxus, während du deine Ziele klar formulierst. Bei einem Geldzauber bedeutet das, dass du eine Summe nennen musst. Lege bei deinem ersten Versuch die Latte nicht zu hoch. Anschließend stellst du dir vor, wie dieses Geld zu dir kommt. Willst du darauf warten, dass es vom Himmel fällt, oder probierst du eine neue Werbestrategie für deine Dienstleistungen aus? Wie in allen anderen Bereichen gilt: Du kannst den lieben langen Tag zaubern, doch wenn du nicht auch im guten alten langweiligen »echten Leben« auf deine Ziele hinarbeitest, funktioniert es nicht. Bei einem Geldzauber musst du den Blick für gute Gelegenheiten schärfen oder zumindest ein Lotterieticket kaufen oder etwas in der Art. Das gewünschte Geld muss ja irgendwoher kommen. Aus diesem Grund solltest du bei der Visualisierung der Erfüllung deines Wunsches auch mögliche Quellen deines künftigen Reichtums einbeziehen.

Zur Not tut es auch der legendäre Geldanziehungszauber von Enchantments. Er riecht nach Geld, und da sich in der Magie Gleich und Gleich gern gesellt, wirkt er auf metaphorische Weise wie ein Geldmagnet. Ich darf das Rezept nicht verraten, habe aber in dem Buch *The Magickal Formulary* die folgende Mischung gefunden, die ich gern weitergebe. Bestimmt gibt es Unmengen Rezepte mit diesem Namen:

WOHLSTANDSPULVER

Piment

Patschuli

Myrrhe

Zimt
Sandelholz
Florentiner Schwertlilie
Orangenschale

Ich habe mich für diesen Zauber entschieden, weil die Zutaten halbwegs bekannt sind und bei einem Pulver weniger schiefgehen kann als bei Ölen und Räucherwerk. Es spielt keine Rolle, wenn ein Pulver verrückt riecht, weil man es weder verbrennen noch sich damit einölen muss. Streng genommen macht es auch keinen Unterschied bezüglich der Wirksamkeit eines Zaubers, ob er gut riecht oder nicht. Wenn er gut riecht, kann das allerdings nicht schaden.

Die maßgebliche Farbe der Geldmagie ist Grün. Sie steht für Venus, die Göttin der Fruchtbarkeit und Fülle. Der Austausch von Geld ist ein symbolischer Akt – ein Austausch von Versprechen mittels kleiner Banknoten. So gesehen ist das beinahe schon romantisch. Liebe und Geld zieht es doch immer wieder zueinander. Als Basis kannst du Pfeilwurzelmehl mit einem Tropfen grüner Lebensmittelfarbe verwenden. Piment, Zimt und Orangenschale findest du problemlos im Lebensmittelladen. Sandelholz, Patschuli und Myrrhe sind beliebte Duftöle. Rätselhaft ist nur die Florentiner Schwertlilie, bei der es sich schlicht um die Wurzel einer bestimmten Irisart handelt. Vielleicht kannst du ja etwas Brauchbares im Garten ausgraben, falls du keine Apotheke in der Nähe hast.

Sobald du alle Zutaten beisammenhast, kannst du etwas getrocknete Orangenschale mit Piment und Zimt im Mörser zerstoßen oder in der Kaffeemaschine vermahlen und mit dem grünen Pulver mischen. Zum Schluss gibst du noch ein paar Tropfen von den Duftölen dazu. Fertig ist das Wohlstandspulver! Was

· · · · · · ·

sagst du? Ich habe die Florentiner Schwertlilie vergessen? Da hast du wohl recht. Ich werde eine Iris auf den Altar stellen, damit ist das auch erledigt. Jetzt musst du dein Pulver mit deiner Vision von einem Leben in Wohlstand aufladen und die Mischung mit dieser Energie tränken. Laut Rezept kann man das Pulver im Haus (oder im Geschäft) verstreuen oder damit einen Kreis um eine grüne Kerze ziehen. Du kannst auch etwas davon in deinen Geldbeutel oder auf dein berufliches Handwerkszeug geben. Wenn du aus den genannten Zutaten lieber ein Öl, eine Räuchermischung, ein Bad oder einen Bodenreiniger herstellen willst, gehe hin und tue es!

Ich habe dir einen Geldzauber verraten, weil ich weiß, dass du das wolltest. Ich bin mir allerdings nicht sicher, ob ein Geldzauber das Richtige ist – selbst wenn Geld das augenscheinliche Problem ist. Doch die Wahrscheinlichkeit ist groß, dass jemand in Wirklichkeit einen geschäftlichen Aufschwung, einen neuen Arbeitsplatz oder ein neues System bräuchte, um die Löcher im Sparschwein zu stopfen. Wenn du eine Arbeit machst, die du liebst, die Ausdruck deiner Selbst auf deinem Weg ist, kann und wird das Geld zu dir kommen und sich an dich schmiegen. Ist das nicht immer so?

Ein gängiger Grund für den Verlust finanzieller Mittel ist eine Gewohnheit, die sehr viele von uns haben: Sie unterschätzen die eigenen Fähigkeiten, bergeweise Kohle zu verdienen. Ich bin nicht die Einzige, die einen Haufen hochtalentierter Leute kennt, deren Kompetenz nicht angemessen honoriert wird. Und dieses Problem ist chronisch. In einem der Bücher im Laden fand ich ein altes Siegel für Furchtlosigkeit im Streben nach den eigenen materiellen Zielen und dachte: Hallo? Wo hattest du dich nur mein ganzes Leben lang versteckt? Handelt es sich dabei um einen Geldzauber? Streng genommen nicht. Es ist ein Marszauber, und wie wir wissen, geht es bei der Magie dieses Planeten um Furchtlosigkeit und aktives Streben. Wie sich herausstellte, war dies mein wirkungsvollster Geldzauber: Ich habe die allerletzten Ersparnisse lockergemacht, um mir genügend Zeit zum Schreiben zu erkaufen. Es war eine Art vertrauensbildende Maßnahme. Es war keine große Summe, aber das Geld reichte aus, um mich an den Punkt zu bringen, an dem ich jetzt bin. Dass ich versuchen kann, vom Schreiben zu leben. Das ist wohl der Trick. Wenn du liebst, was du hast, hast du alles. Vielleicht macht die Suche nach dem Schatz nur die Hälfte der Wohlstandmagie aus. Die andere Hälfte besteht darin, dass man das Wertvolle in allen Dingen findet. Sogar im Geschenk eines leeren Bankkontos.

· · · · · · · · · · · ·

## VERKÄUFERIN DER SCHWERTER

Früher konnte man bei Enchantments auch Schwerter kaufen. Die Auswahl war ziemlich groß: Einige waren ausdrücklich für den Hexengebrauch bestimmt, andere waren den Waffen aus *Herr der Ringe* nachempfunden und so weiter. Die aktuelle Geschäftsführung hat sich von den Cosplay-Wurzeln distanziert, aber einer meiner damaligen Kollegen sprach fließend Klingonisch und tauschte sämtliche Sacagawea-Dollars – das sind bestimmte Sondermünzen – in der Kasse gegen Dollarnoten. Er bewahrte sie in einem kleinen Lederbeutel auf, um damit auf dem Mittelaltermarkt Met und Truthahnbeine zu kaufen, was zugegebenermaßen Stil hat.

Jedenfalls waren die Schwerter teuer und wurden hinter dem Tresen aufbewahrt. Ich habe sie nur ungern verkauft. Die Kunden stellten Elbenfragen, die ich nicht beantworten konnte, zum Beispiel: »Ist das echtes Amaranthorn am Griff?« Da

· · · · · · ·

war ich schon fertig, noch bevor wir überhaupt begonnen hatten. Sie äußerten auch unweigerlich den Wunsch, das Schwert einmal halten oder eher *schwingen* zu dürfen, um Gewicht und Aerodynamik zu prüfen. Aber man hatte mich ermahnt, dass ich das unter gar keinen Umständen zulassen dürfe, denn einst war ein Kunde zum Kämpfer oder eher Räuber mutiert und hatte die Kasse ausgeraubt.

· · · · · · · · · · · ·

Inzwischen wissen wir, wie man Zauber und Sigillen entwickelt. Ich bin mir sicher, dass du das hier allein schaffst. Es folgen ein paar Elemente, deren du dich bedienen kannst, um Wohlstand zu erreichen.

# Bargeld

Die Farben für Bares sind Grün und Gold – Grün für die Venus und Gold für die Sonne. Als Symbole eignen sich Zeichen wie der Freimaurermist, der in den Schnörkeln der US-Währung versteckt ist. Die Pyramide mit dem Auge an der Spitze ist ein bewährtes Siegel, das man gut in eine Kerze ritzen kann. Ich persönlich muss dabei allerdings immer an die Zeit denken, als sich unsere Vorfahren zum Ruhme des Pharaos abrackern mussten, und das schreckt mich ab. Auch Dollar- oder Eurozeichen, Goldmünzen und übervolle Taschen sind eine gute Möglichkeit, Bargeldwünsche in den Fokus zu rücken.

· · · · · · ·

# Wegbereiter

Die Götter der Wegkreuzungen sind zahlreich, aber sie sind einander in Art und Charakter auffallend ähnlich. Im Hinduismus wird dieser Aspekt von Ganesha, dem elefantenköpfigen Gott des Erfolgs, verkörpert. Er gilt als Entferner der Hindernisse. Ganesha ist ein Riesenkerl, doch auf dem Rücken seines Reittiers (einer Ratte) passt er durch die kleinste Ritze. Er wird als Erster unter den Göttern verehrt und zu Beginn eines neuen Unterfangens angerufen. Besonders das Reisen, der Handel und das Schreiben fallen in seinen Zuständigkeitsbereich. Mit einem seiner abgebrochenen Stoßzähne soll er das Mahabharata-Epos aufgeschrieben haben. In der Santería ist Eleggua der Hüter der Wegkreuzungen. Auch er wird vor allen anderen Orishas verehrt und angerufen, um Hindernisse auf dem Weg zum Erfolg auszuräumen. Er ist der Gott des Handels und herrscht an Orten des Kommens und des Gehens, des Gebens und des Nehmens. In den Götterwelten der Griechen und Römer spielen Hermes und Merkur die Rolle des Boten, der die Schwelle zwischen dem Menschlichen und dem Göttlichen, dem Weltlichen und dem Magischen bewacht. Im alten Ägypten wurde dieses Wesen Thot genannt. Er war der Gott der Künste und der Wissenschaften, der Magie und des Schreibens. Er schreibt das Buch der Toten und hat damit die wichtigste spirituelle Wegkreuzung unter sich. Neben diesen Göttern kommen mir auch Anansi, Loki, Br'er Rabbit, Fuchs und Kojote sowie Bugs Bunny in den Sinn – allesamt Trickster, die mit sprachlicher Raffinesse und übernatürlicher Wendigkeit Kontakte knüpfen und Hindernisse umgehen.

# Karriereziele

Du kannst die Magie der Venus nutzen, um bares Geld anzuziehen, oder die Magie des Mars, um die Ängste zu überwinden, die dich daran hindern, deine finanziellen Interessen durchzusetzen, und die Magie von Merkur, um den richtigen Leuten zu begegnen und stets über günstige Gelegenheiten informiert zu sein. Du kannst auch den großen Jupiter selbst um seine Gunst bitten, wenn du ein bereits bestehendes Geschäft ausbauen willst. Bei Jupiter dreht sich alles um Wachstum, Expansion und die Anerkennung von Menschen in verantwortlicher Position. Wenn du in deinem Bereich eine weitere Sprosse der Karriereleiter erklimmen willst, kann Jupiter dir helfen. Fehlt es dir oder deinem Geschäft an öffentlicher Aufmerksamkeit, kannst du dich und deine Arbeit mit Sonnenmagie ins Rampenlicht rücken. In Kapitel 5 findest du weitere Informationen zu diesen Planeten sowie Anregungen, wie du Rituale zu Ehren der jeweiligen Archetypen zusammenstellen kannst.

# Glück

Das Glück ist meist die Domäne der Spieler. Deshalb haben wir es, wie ich das sehe, dabei mitunter nur mit Geldmagie der etwas anderen Art zu tun. Aber was wäre, wenn man einen Zauber, mit dem man im Grunde etwas anderes herbeiwünschen will, mit ein wenig Glück garnieren würde? Das hört sich doch schon besser an! Die fantasielosesten Glückssymbole – das vierblättrige Kleeblatt und das Hufeisen – sind in der Magie allgegenwärtig. Alle Glaskerzen, die wir im Laden verkaufen, sind auf der Unterseite mit einem glückbringenden Hufeisen bedruckt. Ich sehe es so häufig, dass es mir gar nicht mehr auffällt. Es sorgt dafür, dass alle unsere Zauber eine Bitte um Glück in irgendeiner Form sind. Diesem talismanischen Zweck dient auch die Hand der Fatima (oder Hamsa). Das Symbol aus dem Nahen Osten und Nordafrika steht für die Hand Gottes, die das Böse abwehrt und Glück und Segen bringt.

# Wünsche

Du bist lieber deines eigenen Glückes Schmied? Falls dir etwas ganz Bestimmtes vorschwebt, könntest du es mit einem Wunscherfüllungszauber versuchen. Ich habe hier ein paar Glücksbringer und Wunschhelferlein für dich, die dir vielleicht noch nicht vertraut sind. Sie sind nicht so einfach zu bekommen, aber längst nicht so schwer zu finden wie ein vierblättriges Kleeblatt.

- Die **Rose von Jericho** ist keine echte Rose, sondern ein dürres, vertrocknetes Wüstengewächs, das aussieht wie eine Klaue. Ein wenig Wasser genügt, und aus der vertrockneten Klaue wird eine lebende Pflanze, die sich zur Form einer Lotusblüte öffnet. Aus diesem Grund wird sie auch als Auferstehungspflanze bezeichnet. Christliche Missionare veranschaulichen damit das Konzept der spirituellen Wiedergeburt. Menschen, die Hoodoo und Volksmagie praktizieren, holen mit dem Wasser der Rose von Jericho Wohlstand ins Haus. Wunschzauber: Schreibe deinen Wunsch auf ein Stück Papier und lege es in die Mitte der geöffneten »Rose«. Wenn du die Pflanze aus dem Wasser nimmst, wird sie sich um ihn schließen und ihn einhüllen.

- **Hiobsträne**, nicht zu verwechseln mit den Tränen des biblischen Propheten Hiob. Hier haben wir es mit einer extragroßen Hirsesorte zu tun, deren glatte Samen ein wenig aussehen wie Perlen. Es soll Glück bringen, wenn man drei davon bei sich trägt. Trägt man dagegen sieben Tage lang sieben Samen bei sich, während man sich auf einen Wunsch konzentriert, wird er in Erfüllung gehen, sobald man die Samen in fließendes Wasser wirft.

- Die **Tonkabohne** wird wegen ihres vanilleartigen Dufts und ihres zarten rauchigen Geschmacks geschätzt. Die Food and Drug Association, die US-Behörde für Lebens- und Arzneimittel, stuft sie allerdings als giftig ein. Du solltest sie deshalb lieber nicht essen – oder einfach niemandem verraten, dass ich gesagt habe, du sollst sie essen. Aber tu dir keinen Zwang an, wenn du diese zentralamerikanische Hülsenfrucht in Mischungen verwenden willst, die Liebe oder Glück anziehen sollen. Du kannst deinen Wunsch auch bloß visualisieren, während du eine Tonkabohne in der Hand hältst, und sie anschließend in ein fließendes Gewässer werfen – denn das ist, wie wir wissen, die bevorzugte Methode zur Übermittlung magischer Wünsche.

# KAPITEL 11

# Spielarten der Mantik, oder: Divination

M ithilfe der Divination (auch Mantik oder schlicht Wahrsagen genannt,) kann man Einblick in eine bestimmte Situation oder eine neue Sicht darauf gewinnen. Dazu enträtselt man intuitiv die Bedeutung von Karten, Bildern, hingeworfenen Knochen oder Steinen oder anderen Gegenständen mit symbolischem Wert. Es gibt mehr Divinationsmöglichkeiten, als wir uns vorstellen können. Wenn du es wirklich wolltest, würdest du vermutlich sogar einen Weg finden, die Zukunft mithilfe des Denkspiels Boggle vorherzusagen. Jeder Versuch, auf mystische Weise – ob mit einer Kristallkugel oder dem Magic 8 Ball – die Antwort auf eine Frage zu erlangen, ist eine Form der Divination. Es spielt keine Rolle, welche Werkzeuge oder Materialien du wählst, um Klarheit in eine verworrene Situation zu bringen oder eine Strategie zu finden, um dich aus einer schwierigen Lage zu befreien. Entscheidend ist vielmehr, dass du diese symbolische Sprache auch *wirklich* lernen willst. Das Wahrsagen ist ein Übersetzungsvorgang – eine Methode, um Muster in einem scheinbar chaotischen System zu erkennen. Es ist wie in dem Film mit Jodie Foster, in dem sie dem von Satellitenschüsseln in der Wüste eingefangenen und scheinbar bedeutungslosen Rauschen des Weltraums lauscht, bis es ihr gelingt, die darin verborgene Botschaft zu finden. Wie mir scheint, bedürfen die meisten Systeme der Divination eines gewissen Rauschens oder einer Zufälligkeit, aus der allmählich eine Geschichte über dich und deine Probleme entsteht, wenn sie durch ein geschlossenes logisches System gefiltert wird. In *Contact* speist die gute Jodie Foster das weiße Rauschen des Universums in ein geschlossenes System aus binärem Code, aus Einsen und Nullen ein, die daraufhin eine verborgene Botschaft von Außerirdischen offenbaren.

Beim Wahrsagen ist die Informationsquelle – soweit das überhaupt möglich ist – sogar noch nebulöser und noch schlechter nachzuweisen als außerirdisches Leben. Wenn mir jemand erklären will, woher genau die Informationen stammen, schalte ich meist ab. Das ist mir verhältnismäßig egal, denn sobald man von einer Methode, einer Wahrsagerin oder einem Wahrsager überzeugt ist, sind die Ergebnisse so frappierend und die Erfahrung so lohnend, dass sich die Fragen nach dem Warum oft in Luft auflösen. Mag sein, dass unsichtbare Geister oder Engel oder Elfen die Karten in die richtige Reihenfolge bringen. Doch angesichts der erfrischenden Perspektive, die eine erfahrene Wahrsagerin eröffnen kann, sind diese Dinge nicht so wichtig.

Nichtsdestotrotz möchte ich denjenigen, die sich von einer Wahrsagerin beraten lassen, ein paar Tipps geben und erprobte Vorgehensweisen empfehlen:

- Es ist gut, wenn dir jemand von einem Freund oder einer Institution deines Vertrauens empfohlen wird. Ich bin kein großer Fan von Leuten, die ihre Kundschaft von der Straße hereinlocken.

- Bei Wahrsagern, deren Preise sich sprunghaft erhöhen oder deren Rat so aufgebaut ist, dass man immer wieder hingehen muss, ist Vorsicht geboten. Es ist eine Sache, sich hin und wieder einmal beraten zu lassen. Sollte es jedoch den Anschein haben, als wollte diese Person dich weniger dazu inspirieren, deiner Intuition zu vertrauen, dich auf dich selbst zu verlassen und selbst über dein Leben zu bestimmen, sondern dich in ein Abhängigkeitsverhältnis manövrieren, tut sie dir nichts Gutes. Ich habe einen Freund, der die Karten liest. Er hat mir erzählt, dass er seine Kunden am liebsten mit positiven Nachrichten oder mit einem Aktionsplan entlässt, damit sie gleich damit beginnen können, etwas zu verbessern, falls die Karten eine schwierige Situation ans Licht gebracht haben. Das ist die Art Wahrsager, nach der du Ausschau halten solltest.
- Gehe unvoreingenommen zu deinem Termin. Lass die Sache einfach geschehen. Nimm Papier und Bleistift mit, um das Gesagte aufzuschreiben. Manche Wahrsagerinnen erlauben dir, die Sitzung mit dem Smartphone aufzuzeichnen oder die Karten abzufotografieren. Scheue dich nicht, Fragen zu stellen und nachzuhaken. Da dir ihre Einschätzung als Werkzeug dienen soll, sollte sie auch bereit sein, dich den Umgang damit zu lehren.
- Du solltest Fragen oder Lebensbereiche vorbereiten, auf die speziell eingegangen werden soll. In den meisten Fällen bekommst du einen allgemeinen Überblick über die Situation. Es liegt bei dir, die Aufmerksamkeit des Wahrsagers in eine bestimmte Richtung zu lenken.

. . . . . . .

- Falls du dir die Tarotkarten legen lässt, wähle eine Meditationskarte. Mach dir eine Notiz, wenn dich eine Karte besonders anspricht, und nimm dir ein wenig Zeit, um die damit verbundenen Assoziationen zu erforschen. Die Bedeutung der Karten bleibt dir besser im Gedächtnis, wenn sie sich auf eine emotionsgeladene Situation beziehen.

Tarotkarten sind nicht dein Ding? Es gibt unzählige Möglichkeiten, einen Blick in die Zukunft zu werfen, die du allein ausprobieren und praktizieren kannst. Dabei handelt es sich ausnahmslos um komplexe Systeme, denen ich an dieser Stelle kaum gerecht werden kann. Auf den folgenden Seiten findest du einen kurzen Überblick über die wichtigsten Möglichkeiten. Er soll dir bei der Entscheidung helfen, was du dir einmal genauer ansehen willst. Im Anschluss folgt eine total durchgeknallte Liste mit obskuren Divinationsmethoden, die wohl nicht ohne Grund obskur geblieben sind.

# Runen

Die Runen sind die Symbole eines alten nordischen Alphabets und zieren Steine oder Stücke aus hartem Holz. Man wirft sie auf eine ebene Fläche und interpretiert anhand der Bedeutung, die den jeweiligen Zeichen zugeschrieben wird, ihrer Position (ob sie aufrecht oder umgekehrt liegen) sowie der Beziehung zueinander (ob sie eng nebeneinander oder weit voneinander entfernt sind und so weiter). Je nach Art der Fragestellung oder der gewünschten Erklärung gibt es spezielle Möglichkeiten, die Runen zu werfen. Du kannst zum Beispiel nach dem Zufallsprinzip drei Runen ziehen, während du über deine Situation nachdenkst, und sie als deine Vergangenheit, deine Gegenwart und deine Zukunft deuten. Dieses System beruht auf der altnordischen Vorstellung von *wyrd* oder Schicksal. Gemeint ist kein »vorherbestimmtes unausweichliches« Los, sondern vielmehr, »was passieren wird, wenn du den aktuellen Kurs im Leben beibehältst«. Wie alle anderen Divinationsmethoden lassen auch die Runen stets Raum für den freien Willen. Denn wozu wäre die Divination sonst gut? Alles wäre bereits entschieden, und es gäbe keinen Grund, irgendetwas zu unternehmen. Doch innerhalb des geschlossenen Systems der Runen (oder des Tarots oder des I Ging und übrigens auch von Boggle) können sämtliche Möglichkeiten zum Ausdruck gebracht und gedeutet werden, die im Universum existieren. Man kann verschiedene Handlungsmöglichkeiten in Betracht ziehen und ausprobieren.

# Pendel

Im Prinzip kann jedes Gewicht an einer Kette oder einem Faden ein Pendel sein, aber manche mögen's edel und pendeln mit Halbedelsteinen. Nette hat mir ein Amethystpendel geschenkt, das sie selbst von jemandem bekommen hatte.

Das Pendel stellt wie alle anderen Divinationsmethoden einen Zugang zur Stimme deines inneren Wissens her. Ein Pendel zeigt eine Richtung an: Die Schwerkraft sorgt dafür, dass sich das Ende mit dem Gewicht bewegt, während du es am anderen Ende hältst und versuchst, die Hand nicht zu bewegen. Es schwingt in unterschiedliche Richtungen. Die Pendelarbeit beruht auf dem Prinzip, dass man die Antwort auf eine Frage bekommt, wenn man die richtungsweisende Kraft des Pendels innerhalb eines geschlossenen Systems nutzt, zum Beispiel in Verbindung mit einer

Landkarte oder einem Blatt Papier mit verschiedenen Zonen für unterschiedliche Möglichkeiten. Deshalb wird es oft dazu verwendet, Menschen, Orte oder Dinge aufzuspüren. Vor allem aber sind Pendel hervorragende Meditationshilfen. Wenn man mit den Augen den scheinbar zufälligen Bewegungen folgt, wirkt das ähnlich, als würde man in eine flackernde Kerzenflamme schauen. Es bietet gerade genug Stimulation, um das Geschwätz deines Geistes zum Verstummen zu bringen und einen Zustand wortloser geistiger Abwesenheit zu erzeugen. Diese Halbtrance, diese Geistesabwesenheit ist der Divination am zuträglichsten.

Ich habe nicht immer ein Pendel bei mir. Na gut, ich habe fast nie ein Pendel bei mir. Aber zum Glück habe ich entdeckt, dass ich ein Pendel *in mir* trage! Und auch du trägst ein Pendel in dir. Ich werde es dir erklären. Ich habe das ausgesprochene Luxusproblem, in Brooklyn zu wohnen und ein Auto zu haben. Es ist nicht sonderlich clever, in Brooklyn ein Auto zu haben, aber ich habe meine Gründe, meine Ausreden und meine kleinen Zaubertricks, um mit dem Dauerproblem wechselnder Parkverbote klarzukommen. Ich steige ein, und statt endlos um den Block zu kreisen, schließe ich die Augen und versuche, mich in den ruhigen und ein wenig abwesenden Geisteszustand zu versetzen wie beim Pendeln. Ich visualisiere das Straßennetz rund um mein Haus. Das Bild in meiner Vorstellung hat eine gewisse Ähnlichkeit mit dem Labyrinth eines Pac-Man-Spiels. Wenn es mir gelingt, mich zu entspannen und ruhig zu werden, zeigt mein inneres Pendel auf einen bestimmten Punkt meiner geistigen Karte, wo wie bei dem Arcade-Spiel einer dieser kleinen Punkte aufleuchtet, um einen Parkplatz anzuzeigen. Anschließend versuche ich, ihn zu erreichen, bevor ihn ein anderer Pac-Man frisst. Ich habe keine Wissenschaft daraus gemacht (es ist auch keine, LOL), aber es funktioniert so gut, dass ich eine echte Karte meiner Nachbarschaft auf das Armaturenbrett geklebt habe. Ich will wissen, ob sich dadurch meine Erfolgsquote verbessert.

# Wünschelruten

Es gibt Y-förmige Wünschelruten oder L-förmige Winkelruten aus Holz oder Metall, um Dinge von Interesse unter der Erde aufzuspüren. Für gewöhnlich handelt es sich dabei um unterirdische Wasservorkommen. Diese Fähigkeit ist in Brooklyn heutzutage nicht sehr gefragt. Das Wasser fließt zum Glück durch die Leitungen. (Zumindest bis dato. Ich will es nicht verschreien.) Der Rutengänger geht das Land mit der Wünschelrute oder den Winkelruten in der Hand ab wie mit einem Metalldetektor. Ein Metalldetektor sendet ein Magnetfeld aus und zeigt mit einem Piepen an, wenn er etwas Metallisches gefunden hat. Eine Wünschelrute reagiert auf deine Schwingungen oder die Schwingungen dessen, wonach du suchst. Wenn du die Quelle, die unterirdische Leitung oder die Golddublone aufgespürt hast, zeigt die Y-förmige Wünschelrute dies mit ihrer Spitze an, die L-förmigen Winkelruten kreuzen sich an der entsprechenden Stelle.

Die Wurzeln des Wünschelrutengehens liegen in der Magie der Renaissance. Heute wird es insbesondere von den britischen Wasserwerken genutzt, obwohl nicht erwiesen ist, dass es besser funktioniert, als einfach zu raten, wo es Wasser geben könnte.

· · · · · · · · · · ·

# FAQ: NUSCHEL, NUSCHEL, IRGENDWAS MIT OUIJA

Es kommt häufiger vor, als man denken sollte, dass jemand im Laden anruft und nuschelnd und stotternd etwas über das Ouija- oder Hexenbrett wissen will: Wie es funktioniert, wozu man es verwendet und ob Dämonen dahinterstecken. Beim letzten Mal habe ich dem Anrufer gesagt, dass das Ouija-Brett ein Spielzeug ist und er einfach versuchen sollte, sich ein wenig mit seinen Freunden zu amüsieren. Das hat ihm nicht gefallen. Er sagte: »Aber im Ernst …«, als dächte er, ich würde ihn hinhalten, um zu sehen, ob er die Wahrheit verkraften konnte. Die Wahrheit ist, dass es im Laufe der Geschichte schon immer sogenannte *Talking Boards* (»sprechende Bretter«) gegeben hat. Das Ouija-Brett aber wurde als Gesellschaftsspiel patentiert, in Massenproduktion hergestellt und von Spiritisten als eine Möglichkeit bekannt gemacht, mit den Toten zu kommunizieren. Der ursprüngliche Inhaber verkaufte das Patent in den 1960er-Jahren an den Spielwarenhersteller Parker Brothers. Das Brett selbst hat sich seit der Pyjamaparty, auf der du in der siebten Klasse warst, nicht wesentlich verändert. Die Bezeichnung *Ouija* ist übrigens einfach eine Aneinanderreihung des französischen Wörtchens »oui« und des deutschen Wortes »ja«.

· · · · · · · · · · ·

# Handlesen

Ich gestehe: Ich habe mich schon einmal als Handleserin ausgegeben! Es war nur ein einziges Mal, okay? Außerdem habe ich im Grunde niemanden angeschwindelt, weil meine Dienste kostenlos waren und ich ein albernes Kostüm anhatte. Es sollte ausdrücklich *nur der Unterhaltung* dienen. Mein Glück ist, dass die Handykameras damals noch ziemlich unterirdisch waren, sonst müssten wir jetzt: [Bild einfügen]. Es war auf einer Party anlässlich der Veröffentlichung eines Harry-Potter-Bandes bei McNally Jackson, einem Buchladen in Soho. Superedel! Super Kohle! Nun hatte ich zwar einen Job (+1), aber so gut wie keine Ahnung vom Handlesen (-1) und natürlich Zugang zum Hexenladen (+ unendlich). Ich dachte, ich würde die Sache schon schaukeln. Bei Enchantments suchte ich das einzige Buch heraus, in dem etwas übers Handlesen stand. Dann machte ich mir fieberhaft ein paar Notizen, die ich mir auf der U-Bahn-Fahrt zum Buchladen einprägen wollte. Ich schrieb mir sogar einen kleinen Spicker auf die eigene Handfläche, um Kopf- und Herzlinie nicht zu verwechseln. Es hätte ein Fiasko werden können, aber schließlich kamen mir meine im Laden erworbenen Fähigkeiten zur Hilfe, und ich konnte praktisch ohne jede Vorbereitung in diesen Buchfans lesen wie … nun ja, wie in einem Buch. Wie sich zeigte, ist es bereits ein sehr starker Zauber, wenn man ein paar Minuten lang die Hand eines fremden Menschen hält und ihm seine ungeteilte Aufmerksamkeit schenkt. Alle meine Opfer haben den Laden zufrieden verlassen.

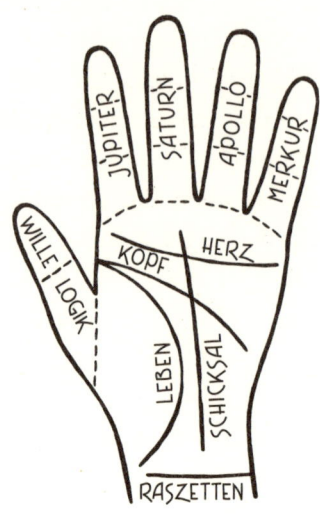

Ich weiß noch immer nicht allzu viel über das Handlesen. Kurz und bündig gesagt, wird dabei den Charakteristika der Hand, der Finger und der Handlinien eine Bedeutung beigemessen, um Schicksal oder Bestimmung eines Menschen zu erkennen.

Grundform und -beschaffenheit der Hand werden oft den Elementen zugeordnet: Die Erdhand ist quadratisch und derb mit dicken Fingern. Die Wasserhand hat einen längeren Handteller mit schmal zulaufenden Fingern. Bei der Feuerhand ist der Handteller rechteckig, die Finger sind verhältnismäßig kurz. Die Lufthand besitzt einen quadratischen Handteller mit langen Fingern. Die unterschiedlichen Handformen spiegeln das Grundtemperament des Fragestellers. Die Beschaffenheit der Linien und Berge – also der Muskelpolster – auf der Handfläche verraten sein Schicksal. Ich tue mich allerdings etwas schwer mit der Vorstellung, dass das Schicksal eines Menschen in seiner Hand geschrieben steht. Soweit ich sehe, verrät sie dir ausschließlich Dinge, die dir (a) bereits bekannt sind – dass du zum Beispiel ein kreativer oder ein praktischer Mensch bist – und an denen du (b) nichts ändern, sondern über die du dir lediglich Sorgen machen kannst, zum Beispiel dass du eine kurze Lebenslinie oder eine schwache, unterbrochene Herzlinie hast. Trotz alledem gibt es sicher wahrlich begnadete Handleserinnen, die ich mit meiner Unkenntnis ihrer Kunst keinesfalls beleidigen möchte.

# Tarot

Ich selbst beschäftige mich nicht regelmäßig mit einer Divinationsmethode. Dass ich »versuche, die Deutung der Tarotkarten zu erlernen« ist dagegen *Dauerzustand* – wie bei vielen anderen auch, die sich ein Buch zum Thema schnappen, einen großen Teil des Abschnitts über die Großen Arkana durcharbeiten und dann sang- und klanglos zur nächsten Sache übergehen. Tarot ist kompliziert! Es ist eine völlig eigenständige Symbolsprache. Aber Moment mal! Eigentlich ist das so nicht richtig, denn Tarot ist alles andere als neu, das ist es nur für dich und mich. Um die Ursprünge des Tarots ranken sich viele Mythen, weil es die Symbolik vieler mystischer Systeme enthält: der Astrologie, des Gnostizismus, der Alchemie, der Ritualmagie und der Kabbala, um nur ein paar davon zu nennen. Wenn ich mir einen Reim auf die Karten zu machen versuche, habe ich meist das Büchlein in der Hand, das zum Kartenset gehört. Das ist, als wollte man mithilfe des Google-Übersetzers ein tiefschürfendes Gespräch führen. Man versteht ungefähr, worum es geht, doch die Feinheiten entgehen einem. Aber Übung macht den Meister, nicht wahr? Wie bei allen anderen Fremdsprachen musst du die Zeit investieren, um die Sprache der Karten fließend sprechen und sie selbstbewusst deuten zu können.

Ich bin nur eine Dilettantin. Trotzdem kann ich dir das eine oder andere über das System des Tarots erzählen. Beginnen wir mit der Definition des Begriffs »die Großen Arkana«, über den ich vor einer Sekunde hinweggegangen bin, als müsstest du ihn kennen. Die meisten Tarotspiele oder -decks bestehen aus zwei Teilen: den Großen und den Kleinen Arkana. Bei der Bildersprache, mit der die Bedeutung der einzelnen Karten vermittelt wird, sind die Variationen endlos. Einige der ältesten Tarotspiele wie die Visconti-Sforza-Karten und das Marseiller Blatt reichen bis ins 15. Jahrhundert zurück. Das Rider-Waite-Tarot ist eine Neuauflage jüngeren Datums aus dem Jahr 1910 und in weiten Kreisen nach wie vor Standard. Das heißt, die meisten Tarotbücher beziehen sich auf seine Symbolik. Bei den Großen Arkana handelt es sich um eine Gruppe von 22 Karten mit Abbildungen von archetypischen Gestalten und universellen Konzepten. Bei den meisten Spielen sind das die folgenden Karten: *der Narr, der Magier, die Hohepriesterin, die Kaiserin, der Kaiser, der Hierophant, die Liebenden, der Wagen, die Kraft, der Eremit, das Rad des Schicksals, die Gerechtigkeit, der Gehängte, der Tod, die Mäßigkeit, der Teufel, der Turm, der Stern, der Mond, die Sonne, das Gericht* und *die Welt.* Die 56 Karten der Kleinen Arkana entsprechen einem normalen Kartenspiel: Es gibt vier Farben mit je 14 Karten, die mit den Zahlkarten von eins bis zehn sowie den vier Hofkarten vergleichbar sind. Während das Marseille-Tarot mit Spielkartenmotiven bebildert ist, haben sich die meisten Tarotdecks dahingehend entwickelt, dass auch die Kleinen Arkana Darstellungen stark symbolischer Szenen aufweisen. Diese Karten dienen dazu, die Feinheiten bezüglich der Situation des Fragestellers zu erläutern. Bei den Großen Arkana geht es dagegen – richtig geraten! – um die großen Themen.

Carl Gustav Jung betrachtete die Großen Arkana im Tarot bekanntlich als *Archetypen* – als eine Möglichkeit, Zugang zur Weisheit des kollektiven Unbewussten zu bekommen –, die weniger die Zukunft vorhersagen als vielmehr die Gegenwart im Licht der Vergangenheit erklären. Wenn Jung vom kollektiven Unbewussten spricht, meint er eine uralte und geheimnisumwitterte Zeit. Er redet vom Grundbetriebssystem des Menschen, von der nicht-kognitiven Funktion des Gehirns, die uns anleitet, Schutz zu suchen, wenn wir exponiert sind, Raubtiere zu fürchten, Beute zu jagen und nach Sex und Gemeinschaft zu streben. Es gibt einfach nichts Neues unter der Sonnenkarte! Du kannst es nennen, wie du willst: Diese Triebe und Lebensstrategien sind fest im Menschen verankert – und wie es der Zufall will, hat sich das Tarot zu einem umfassenden System entwickelt, das wir unterbewusst steuern können, sodass es uns etwas über unser Leben erzählt. Es ähnelt einer weisen alten Frau. Du denkst, sie müsse übernatürliche Kräfte haben, dabei sagt sie nicht die Zukunft voraus, sondern schließt lediglich aus ihrem Wissen über die Vergangenheit. Das Tarot enthält ein tiefes Wissen über die Vergangenheit *der gesamten Menschheit* – die Grundprogrammierung, für die offenbar nicht mehr als 78 Karten oder Variablen benötigt werden, um das Leben aller Menschen zu erzählen. Das scheint unwahrscheinlich. Bis man sich daran erinnert, dass 23 Chromosomenpaare genügen, um die gesamte biologische Vielfalt der Menschen hervorzubringen, und dass die deutsche Sprache aus 26 Buchstaben besteht. Da ist es vielleicht doch nicht so verwunderlich, dass ein Tarotdeck mit 78 eindrucksvollen Bildern eine Sprache bildet, in der wir mit unserem inneren Wissen kommunizieren können. Diesem Missverständnis sitze ich recht häufig auf, wenn ich über das Wahrsagen im Allgemeinen und das Tarot im Besonderen nachdenke: Selbst wenn ich die Karten von einer äußerst einfühlsamen und inspirierten Person gelegt bekomme, erfahre ich dabei nur, was ich ohnehin schon weiß. Und ich ertappe mich dabei, wie ich ein Kartendeck anbrülle: »*Ja* – und jetzt? Was soll ich jetzt *machen?*«

Letztlich können dir die Karten nicht alle Zukunftsfragen beantworten. Sie sind aber durchaus hilfreich, wenn du im Licht  der Vergangenheit über die Gegenwart nachdenken und anschließend weiter in die Zukunft blicken möchtest. Es kann außerordentlich beruhigend sein, wenn die Karten die eigenen Ahnungen und Vermutungen bestätigen oder unnötige Sorgen vertreiben, weil sie darauf beharren, dass kein echter Grund zur Angst besteht. Sogar wenn ich mir selbst die Karten lege, in mühsamer Kleinarbeit eine Karte nach der anderen deute und alle fünf Sekunden eine Bedeutung nachschlage, wenn ich angespannt überlege und unschlüssig schwanke, für welche Deutung ich mich entscheiden soll, verschafft mir diese Erfahrung eine neue Sicht auf die Dinge.

Sollten die oben genannten Methoden der Divination für deinen Geschmack zu trendy und neumodisch sein, folgt nun eine ebenso obskure wie amüsante Liste alter Wahrsagekünste. Ich habe sie auf der Internetseite http://www.paranormal-encyclopedia.com/ gefunden und überarbeitet. Ich füge sie vor allem deshalb hier ein, weil sie eine Auswahl meiner brandneuen Lieblingswörter enthält, mit denen ich angeben will. Außerdem macht sie deutlich, dass beim Wahrsagen immer die Methode den größten Wert hat, auf die du am meisten abfährst. Ich stelle mir auch gerne vor, dass J. K. Rowling über einer ganz ähnlichen Liste brütete, als sie sich die Lehrpläne für Hogwarts ausdachte. Ich liebe dich, J. K.! Ein Hoch auf Snape!

# VERZEICHNIS ALTER WAHRSAGEKÜNSTE

## Naturelemente oder -zustände

· · · · · · · · · · · · ·

### Luft und Atmosphäre (Aeromantie)

**Wind**: Austromantie

**Blitz und Donner**: Keraunoskopie/Keraunomantie

**Himmelserscheinungen wie Wolken und Regenbogen**:
Choamantie

**Klang des Donners**: Brontoskopie

**Meteore, Sternschnuppen**: Meteoromantie

**Phasen und Erscheinungsbild des Mondes**: Selenomantie

· · · · · · · · · · · · ·

### Wasser

**Beobachtung von Wellen, Ebbe und Flut**: Hydromantie

**Wassersuche**: Wünschelrutengehen

· · · · · · · · · · · · ·

### Feuer

**Feuer**: Pyromantie

· · · · · · · · · · · · ·

### Steine

**(Halbedel-)Steine**: Lithomantie

· · · · · · · · · · · · ·

### Pflanzen

**Blütenblätter – Klang beim Schlagen gegen die Hand**:
Phyllorhodomantie

· · · · · · · · · · · · ·

### Tiere (Zoomantie)

**Katzen**: Ailuromantie

**Pferde**: Hippomantie

**Nagetiere**: Myomantie
**Schlangen**: Ophiomantie
**Vögel**: Ornithomantie

. . . . . . . . . . . . .

**Insekten (Entomantie)**
  **Spinnen**: Arachnomantie
  **Ameisen**: Myrmomantie
  **Käferspuren**: Skatharomantie

## Von Menschenhand Geschaffenes

. . . . . . . . . . . . .

Gerätschaften
  **Pfeile**: Belomantie
  **Karten**: Kartomantie/Kartenlegen
  **Computer**: Cybermantie
  **Kreisel, Flaschen oder Räder**: Zyklomantie
  **Pendel**: Pallomantie
  **Ringe an einem Faden**: Daktyliomantie/Daktylomantie
  **Ruten oder Stäbe**: Rhabdomantie
  **Ruten**: Wünschelrutengehen

. . . . . . . . . . . . .

Geschriebenes
  **Eingebackene Zettel mit Botschaften**: Aleuromantie
  **Zufällig ausgewählte Buchstellen**: Bibliomantie
  **Handschrift**: Grafologie

. . . . . . . . . . . . .

Bücher (Bibliomantie)
  **Von Homer oder Vergil (besonders beliebt in der Antike)**: Stichomantie
  **Gedichtbände**: Rhapsodomantie

**Essen und Trinken**
  **Wein**: Önomantie
  **Käse**: Tiromantie/Tyromantie
  **Teeblätter, Kaffeesatz, Weinstein**: Tasseografie

## Zahlen

Zahlensysteme (Arithmomantie)
  **Hebräische Numerologie**: Gematrie
  **Umwandelung von Daten und Wörtern in Zahlen**:
  Numerologie
  **Position der Sterne bei der Geburt**: Geburts-/
  Individualhoroskopie

## Der menschliche Körper

Anatomie
  **Hand, Handteller, Finger(-nägel)**: Chiromantie
  **Glückshaube bei der Geburt**: Amniomantie
  **Auge**: Oculomantie
  **Fuß**: Podomantie

Abfallprodukte
  **Kot**: Skatologie
  **Urin**: Uromantie

Rituelle Opfer
  **Menschenopfer**: Anthropomantie
  **Tieropfer**: Hieromantie/Hieroskopie

**Menschliches Tun oder Reaktion**

**Benommenes Torkeln in einem Buchstabenkreis**: Gyromantie

**Gelächter**: Geloskopie

**Träume**: Oneiromantie

**Totenbeschwörung**: Nekromantie

**Dinge, die man zufällig sieht oder hört**: Transataumantie

**Jucken der Haut**: Urticariomantie

**Begegnungen mit Fremden**: Xenomantie

**Starren auf spiegelnde Flächen**: Kristallomantie

Widder

Stier

Zwillinge

Krebs

Löwe

Jungfrau

Waage

Skorpion

Schütze

Steinbock

Wassermann

Fische

# KAPITEL 12

# Das komplette Sonnensystem, oder: Astrologie

Hexen – und wenn ich es recht bedenke auch viele andere Menschen, die sich nicht als Hexen bezeichnen würden – nutzen die Systeme der Astrologie, um sich und andere besser zu verstehen. Die Geburtshoroskopie ist eine Form der Divination. Sie soll Aufschluss geben, wie die Anordnung der Planeten und Sterne bei der Geburt eines Menschen Einfluss darauf hat, wie er später ans Leben sowie an die Beziehung zu sich und anderen herangeht. Ein erfahrener Astrologe hilft dir nicht nur dabei, dein Geburtshoroskop zu deuten. Er berücksichtigt auch die Transite oder das Verhältnis zwischen den laufenden Planeten und den Planeten deines Geburtshoroskops. Das Studium der astrologischen Grundprinzipien erinnert daran, dass es mehr als einen Weg gibt, ein gutes Leben zu führen. Es gibt mindestens zwölf – vielleicht auch mehr! Aber davon musst du mich erst überzeugen.

Für den Anfang solltest du die zwölf Tierkreiszeichen kennen. Da es sich dabei nicht um die zwölf verlorenen Stämme von Atlantis handelt, ist die Sache einfach. Wir haben bereits über den magischen Einfluss der Planeten und Lichter gesprochen (siehe Kapitel 5). Das verschafft uns einen gewissen Vorsprung beim Erlernen der Eigenschaften, die den Sternzeichen zugeschrieben werden. Jedes Zeichen wird von der Energie eines bestimmten Planeten beeinflusst. Das ist der sogenannte Zeichenherrscher. Manche Planeten gebieten über zwei Zeichen, andere Zeichen haben zwei Herrscher. Aber mach dir keinen Kopf, wenn du die ganzen Informationen nicht behalten kannst. Dafür gibt es Tabellen.

In diesem Kapitel findest du eine solche Tabelle mit den Sternzeichen, ihren Symbolen sowie den Informationen zur kollektiven Perspektive bzw. zur Energie der einzelnen Zeichen. Diese Dinge werden gegen Ende dieses Kapitels wichtig, wenn wir versuchen, uns einen Reim auf dein Geburtshoroskop zu machen.

Bei den Tierkreiszeichen handelt es sich um Sternbilder, also um Sterngruppierungen, in denen der Mensch Bilder mit einer bestimmten Bedeutung erkennt. Von der Erde aus hat es den Anschein, als würden die Planeten und Lichter durch diese zwölf bedeutsamen Bilder wandern. Die Stellung der Sonne zum Zeitpunkt der Geburt eines Menschen bestimmt sein Sonnen- oder Tierkreiszeichen. Sie wandert jeden Monat – ein paar Tage hin oder her – von einem Sternbild ins nächste. Bei mir beginnen und enden die einzelnen Tierkreiszeichen immer am 21. Tag des Monats, aber das ist nur ein Näherungswert.

# Die Tierkreiszeichen

## Widder: 21. März–21. April

Dieses Symbol soll einem Schafbock mit Hörnern ähneln, der auf dich zugestürmt kommt. Es soll dich auch an Kopf und Stirn des Menschen erinnern, da diese Körperteile dem Tierkreiszeichen Widder zugeordnet sind. Der Widder ist das erste Zeichen des Tierkreises, und seine Einstellung wird oft mit dem Satz »Ich bin« zusammengefasst. Wenn wir den Tierkreis als Entwicklungsweg eines Menschen betrachten, entspricht der Widder dem Stadium des Neugeborenen. Sobald du aus dem Mutterleib geploppt bist, kommt es vor allem auf die Instinkte an. Widder sind bekanntlich impulsiv, denn sie leben im Augenblick. Ihr Zeichenherrscher ist der Planet Mars in Gestalt des aggressiven und durchsetzungsstarken römischen Kriegsgottes. Widder sind feurig, aktiv und spontan. Sie wollen immer, dass die Dinge erledigt werden.

Falls du einen Widder um einen Gefallen bitten musst, solltest du die Angelegenheit als Herausforderung, als *Mission: Impossible* darstellen, die sofort gelöst werden muss! Appelliere an seine Abenteuerlust.

## Stier: 21. April–21. Mai

Dies ist das Zeichen des Bullen. Er stürmt zwar nicht auf uns zu wie der Widder, macht aber auch nicht gerade den Eindruck, als würde er aus dem Weg gehen. Das Symbol soll Kinn, Mund und Kehlregion ähneln. Das Motto des Stiers lautet: »Ich habe«, und sein Zeichenherrscher ist der Planet Venus, die Göttin der Liebe und der Schönheit. Diese Menschen sind erdverbunden, lieben Muster und Texturen – vor allem Dinge, die man anfassen kann: »Was kann ich mir Schönes gönnen? Ein köstliches Essen? Seidige Laken? Ein genüssliches Nickerchen?«

Stiere sind außerdem für ihre Sturheit bekannt. Ihnen wird die Kleinkindphase im Leben zugeordnet. Sie wissen, wer sie sind und was sie wollen, aber ihre kommunikativen Fähigkeiten sind nicht berühmt. Sie verweigern sich und leisten passiv Widerstand. Der Stier ist ein Erdzeichen, wie wir später lernen werden. Geld und Besitz sind ihm meist wichtig. Stiere (und Kleinkinder) stehen auf Sicherheit. Du brauchst einen Gefallen von einem Stier? Dann solltest du ihn zuerst zum Essen einladen. Trag deine Bitte vor, während er einen köstlichen Happen im Mund hat. Mach ihm Geschenke.

## Zwillinge: 21. Mai–21. Juni

Die beiden verbundenen Linien stehen für die berühmten Zwillinge Kastor und Pollux aus der griechisch-römischen Mythologie. Die Zwillinge sind für Arme, Hände, Schultern und Lunge, also für all diese Doppelorgane zuständig. Ihre Einstellung wird in dem Credo »Ich denke« zusammengefasst. Bei diesem Zeichen geht es in erster Linie um Ideen und Kommunikation. Es ist dem Entwicklungsstadium zugeordnet, in dem das Kind allmählich seine Vorstellungen zum Ausdruck bringt und die Reaktionen der Menschen versteht. Vielleicht liegt es an der zwillingshaften Dualität des Zeichens, dass seine Energie als aktiv sowie als rezeptiv (+/-, männlich/weiblich) gilt. Muss es sich jedoch entscheiden, wird es als aktiv eingestuft. Sein Herrscher ist Merkur, der androgyne Bote und Gott der Kommunikation und des Austauschs.

Wenn du einen Zwilling um einen Gefallen bitten musst, solltest du ohne Umschweife die Bedingungen des Handels nennen. Am besten bietest du ihm ein Tauschgeschäft an oder sorgst dafür, dass sich die Sache für ihn lohnt, weil er wichtige Kontakte knüpfen kann. Bei Zwillingen ist alles ein Geben und Nehmen. So ticken sie eben.

## Krebs: 21. Juni–21. Juli

Es ist eine Krabbe! Das ist zumindest der Name, den die Griechen diesem Zeichen gaben. Für die Ägypter und Babylonier sah es eher wie eine Schildkröte aus. In einem Punkt aber sind sich alle einig: Es ist ein Geschöpf, das sein Haus auf dem Rücken trägt. Bei diesem Zeichen dreht sich alles um das Zuhause – und zwar in jeder Hinsicht. Es geht um die Beziehung zur eigenen Kindheit, um die Heimat, die man in der Gegenwart erschaffen will, und letztlich auch um die emotionale Bedeutung dieses Begriffs.

Der Krebs entspricht dem Vorschulalter, wenn für das Kind das Leben außerhalb der heimischen vier Wände beginnt und es das dazugehörige mobile Gefühl von Sicherheit entwickelt. Das Motto lautet:»Ich fühle«, und wie allen Wasserzeichen (ich weiß, ich weiß, ich werde es gleich erklären) sind dem Krebs die Gefühle sehr wichtig. Das Symbol soll an Möpse oder – falls du die nötige Reife besitzt – an zwei Brüste erinnern. Dieses schützende Polster über dem Herzen ist dem Krebs zugeordnet.

Zeichenherrscher ist kein Planet, sondern der Mond. Da der Mond die Zeichen in rascher Folge durchläuft, heißt es manchmal, Krebse seien etwas launisch. Wie bittet man einen Krebs um einen Gefallen? Indem man den Anschein eines Notfalls erweckt. Lass ihn wissen, wie ungern du ihn bittest. Übertreibe ruhig ein wenig und schicke auch gleich eine Dankeskarte, wenn du schon dabei bist.

## Löwe: 21. Juli–21. August

Dieses Symbol soll Ähnlichkeit mit einem Löwen haben. Hat es aber nicht. Außerdem soll die Glyphe an die Klappen des menschlichen Herzens erinnern, das dem Zeichen zugeordnet ist. Sein Motto lautet: »Ich will«, und als Feuerzeichen (tut mir leid, wir werden uns später ausführlicher damit beschäftigen, es dauert nicht mehr lang) neigt er zum Handeln und zum Tun. Aber anders als das bereits erwähnte Feuerzeichen Widder prescht er nicht kopfüber auf sein Ziel los, sondern pirscht sich lieber langsam an seine Beute heran. Er geht strategisch vor und lässt sich Zeit.

Zeichenherrscher ist die Sonne, der Mittelpunkt unseres Sonnensystems. Löwen sind warmherzig, intelligent und lebhaft und wollen deine Aufmerksamkeit. Falls dir ein Löwe einen Gefallen tun soll, solltest du ihm schmeicheln. Sag ihm, wie wunderbar er ist. Man sollte meinen, dass er das nicht nötig hat, denn er kennt seinen Wert. Aber er will es trotzdem hören.

# Jungfrau: 21. August–21. September

Die fragliche Jungfrau ist Astraea, die Göttin der Unschuld und Reinheit. Nachdem Pandora die Büchse geöffnet und die Welt ins Chaos gestürzt hatte, verließ Astraea als Letzte der Unsterblichen die Erde. Die Götter ehrten sie für ihre Tapferkeit. Die Windungen und Schnörkel der Glyphe sollen an den Verdauungstrakt und die Eingeweide erinnern. Falls du jetzt Hunger bekommen hast, möchte ich dir ins Gedächtnis rufen, dass die Sonne genau zur Erntezeit durch das Sternbild Jungfrau wandert. Hellster Stern der Konstellation ist Spica, was übersetzt so viel wie »Kornähre« oder »Weizengarbe« heißt. All das weckt in mir die Vorstellung, dass Jungfrauen fleißige, praktische und bodenständige Menschen sind. Ihre Worte sind: »Ich analysiere.« Da ihnen das Stadium der weiterführenden Schule entspricht, interessieren sie sich dafür, wie Dinge funktionieren und zusammenpassen: Systemanalyse, technische Basteleien.

Diese Menschen haben Merkur als Zeichenherrscher und wollen Kontakt herstellen. Da die Jungfrau das Zeichen des Dienens ist, stellen sie diese Kontakte über gute Taten und ihre Arbeit her. Und so bringst du eine Jungfrau dazu, dir einen Gefallen zu tun: Sei höflich und mach es ihr ganz einfach. Sie will dir helfen, wenn sie kann.

# Waage: 21. September–21. Oktober

Dies ist die Waage, die der schakalköpfige ägyptische Gott Anubis und die griechische Göttin Themis, die Verkörperung der Gerechtigkeit, benutzen, um damit die Seelen der Toten gegen die Feder der Wahrheit aufzuwiegen. Das Symbol lässt sich als Darstellung des Kreuzbeins verstehen, das ist der flache Teil des unteren Rückens, des hinteren Bereichs der Hüften und des Gesäßes.

Die Maxime der Waage lautet: »Ich gleiche aus«, und unter dem Einfluss von Zeichenherrscher Venus (Liebe und Intimität) strebt sie nach Balance und Harmonie zwischen den Menschen. Im Gefüge der Entwicklungsphasen entspricht die Waage der späten Jugend, in der man anfängt, mit anderen auszugehen. Waage-Menschen fühlen sich meist stärker im Team. Sie möchten Dinge mit anderen unternehmen und anregende intellektuelle Gespräche führen. Sie möchten Bücher, Musik und Kunst in der Gesellschaft anderer genießen. Die Waage ist überglücklich, wenn sie dir einen Gefallen tun kann. Ihr Lohn ist die Chance auf Nähe und Verbundenheit, die dieses Entgegenkommen mit sich bringt.

## Skorpion: 21. Oktober–21. November

Dies ist der Stachel des Skorpions. Der Legende nach handelt es sich um das Tier, das den Jäger Orion in einer dramatischen Wendung tötet. Das spielt sich zum Wechsel der Jahreszeiten am Himmel ab, wenn das Sternbild des Jägers am Horizont untergeht und das Sternbild des Skorpions aufsteigt. Ein knallharter Typ.

Der tiefgründige, sinnliche Skorpion ist für die Geschlechts- und Fortpflanzungsorgane zuständig. Deshalb sind das Verlangen und die Schöpfung seine Themen. Sein Leitsatz ist übrigens: »Ich erschaffe« – falls du nicht ganz sicher warst. Beim entsprechenden Entwicklungsstadium sage ich einfach unumwunden, dass dies die Schlampenphase ist. Man probiert aus, wie es ist, erwachsen zu sein, hat Sex und Liebeskummer und kommt dar- über hinweg. Der Skorpion ist ein emotionales Zeichen und wird vom Planeten Mars beherrscht. Diese Menschen sind berühmt für ihre glühende Leidenschaft. Du willst einen Gefallen von ei- nem Skorpion? Wenn du zu seinem inneren Kreis gehörst, musst du ihn gar nicht erst darum bitten. Er wird dir von sich aus seine Hilfe anbieten. Falls ihr allerdings nicht so dick befreundet seid, brauchst du es gar nicht erst zu versuchen.

## Schütze: 21. November–21. Dezember

Das Symbol zeigt den Pfeil des Kentauren, der halb Mensch und halb Pferd ist. Genauer gesagt zeigt es den Pfeil von Cheiron, einer in höchstem Maße gelehrten, geschickten und erhabenen Gestalt der griechischen Mythologie. Cheiron war nicht nur einer der Kentauren, er war auch ein Men- tor! Der Schütze ist ein lehrendes Zeichen und wird mit Bildung, Sportmannschaften, Studentenverbindungen und anderen hier- archischen und leistungsorientierten Strukturen in Verbindung gebracht. Die entsprechende Lebensphase ist die Studienzeit, und der Leitspruch des Schützen lautet: »Ich nehme wahr.« Er hat einen scharfen Blick, ist berechnend und kann so ruhig sein wie ein Bogenschütze vor dem Schuss.

Zeichenherrscher ist Jupiter, der Planet des Wachstums und der Ausdehnung. Du willst einen Gefallen von einem Schützen? Dann mach es feierlich! Lade ihn auf einen Drink ein. Der Schüt- ze ist das großzügigste und optimistischste Zeichen des Tierkrei- ses. Aber übertreibe es nicht, denn er ist für die Leber (sowie für Hüften und Oberschenkel) zuständig. Sorge dafür, dass sich die Sache nach einem Riesenspaß anhört, und er ist zu allem bereit.

## Steinbock: 21. Dezember–21. Januar

Die Glyphe zeigt einen Ziegenfisch. Damit ist alles gesagt. Das sollte eigentlich offensichtlich sein. Den Ziegenfisch kennt doch jeder. Okay, Scherz beiseite: Ein Ziegenfisch ist vorne Ziege, hinten Fisch und stellt den babylonischen Gott Ea dar. Er gebietet über den unterirdischen Ozean, den die Menschen früher für die Ursache der alljährlichen Überschwemmungen hielten, die es an den Flüssen Euphrat und Tigris gab.

Das Motto des Steinbocks ist: »Ich nutze.« Wenn du zum Beispiel dein Studium der Betriebswirtschaft mit einem Master abgeschlossen hast und deine Kenntnisse erstmals einsetzt, befindest du dich in der Steinbock-Phase deines Lebens. Der Steinbock will erwachsen sein und einen Beruf ausüben. Er ist ehrgeizig und nimmt *Regeln* ausgesprochen ernst. Und er hat einen Schlachtplan: Er weiß, wie er an die nötigen Ressourcen kommt und wie er sie einsetzen muss. Geduld und Vorsicht sind seine Leitbegriffe. Der Steinbock wird vom Planeten Saturn beherrscht, und wie du vielleicht noch weißt, ist Saturn das Gegenstück zu Jupiter. Jupiter will Grenzen immer weiter hinausschieben, Saturn ist daran gelegen, sie einzuhalten. Saturn steht für Einschränkung und Disziplin. Wenn man mit einem Zauber an der Rechtsordnung drehen will, arbeitet man deshalb sowohl mit Saturn als auch mit Jupiter. Interessant, nicht wahr? Der Steinbock ist für Knochen und Zähne zuständig. Er ist sehr strukturiert. Falls du einen Steinbock um etwas bitten musst, solltest du das weit im Voraus tun. Wenn es in seinen Terminplan passt, ist alles paletti. Der Steinbock macht kaum etwas spontan, aber für die Familie ist er jederzeit bereit, einen Termin in seinem Kalender vorzumerken.

## Wassermann: 21. Januar–21. Februar

Das Sternbild des Wasserträgers geht auf den ägyptischen Gott Hapi zurück. Er verkörpert die Leben spendenden Wasser des Nils. Später wurde es Ganymed zugeordnet, dem Mundschenk der griechischen Götter. Das Motto des Wassermanns lautet: »Ich weiß.« Ihm entspricht die Lebensphase, in der man nicht mehr nach der Anerkennung durch fremde Autoritäten, sondern nach der eigenen strebt. Der Wassermann hat eine Anstellung auf Lebenszeit oder ist in Rente. Sein Thema ist die Unabhängigkeit. Zeichenherrscher ist wie beim Steinbock der Planet Saturn, nach neuerer Auffassung Uranus. Doch während sich der Steinbock an die Regeln hält und seine Sachen erledigt, überträgt der Wasserman die Ethik von Disziplin und Einschränkung eher auf Vorstellungen als auf arbeitende Systeme.

Der Wassermann ist für alles zuständig, was zwischen Füßen und Knien liegt: Schienbeine, Waden und Fußgelenke. Er nutzt Ideen und Informationen, um mit anderen in Kontakt zu kommen. Wie bringst du einen Wassermann dazu, dir einen Gefallen zu tun? Indem du dein Möglichstes tust, seine Grenzen zu verstehen. Sei bereit, ein Nein zu akzeptieren. Er wird sich auf seine Weise für dich einsetzen.

## Fische: 21. Februar–21. März

Diese Form soll vor deinem geistigen Auge das Bild zweier Fische entstehen lassen, die am Schwanz zusammengebunden sind. Die einen halten diese mythischen Fische für Darstellungen der Flüsse Euphrat und Tigris. Die anderen sehen darin Venus und ihren Sohn Amor. Sie nahmen die Gestalt von Fischen an, um einem Monster zu entkommen. Du kannst die beiden Linien auch als Bild der Füße verstehen, die dem Zeichen zugeordnet sind. Das Fische-Motto ist: »Ich glaube«, und es entspricht dem Alter, das im besten aller Fälle eine Zeit der Reife und des Nachdenkens ist.

Fische sind sehr veränderlich – glatt und schlüpfrig. Sie sind das letzte Zeichen im Tierkreis und deshalb im Begriff, über die Grenze der Sterblichkeit zu schlüpfen. Dies ist das Zeichen der großen Mönche und Spiritisten. Zeichenherrscher sind Jupiter und Neptun. Jupiter ist weit wie der Ozean, und da es sich bei den Fischen um ein Wasserzeichen handelt, ist es ein Ozean der Gefühle. Bei Neptun ist es das Reich der Inspiration und der Fantasie, manchmal auch der Illusion. Wenn du auf den Meeresgrund tauchst, ist nichts, wie es scheint. Wie du einen Fische-Menschen dazu bringst, dir einen Gefallen zu tun? Indem du seinen Sinn fürs Skurrile ansprichst.

# Vergleich und Gegenüberstellung

Nun, da wir die einzelnen Zeichen kennen, sehen wir uns an, zu welchen Gruppen sie gehören, und überlegen, wie wir die einzelnen Gruppen im Ganzen verstehen können. Eine Möglichkeit besteht darin, die zwölf Zeichen nach den Elementen zu ordnen.

**Erde**: Jungfrau, Steinbock, Stier
**Luft**: Zwillinge, Waage, Wassermann
**Feuer**: Widder, Löwe, Schütze
**Wasser**: Krebs, Skorpion, Fische

Die **Erd**zeichen sind für ihren Fleiß und vor allem dafür bekannt, dass sie die grundlegenden Aspekte des Lebens gemeistert haben: sorgfältig zu sein und sich um Dinge (und Menschen) zu kümmern. Erdzeichen sind gut in praktischen Dingen, im Geschäft und in körperlicher Arbeit. Sie können gut mit Landkarten umgehen. Diese Menschen können wie bei der wundersamen Brotvermehrung eine ganze Bande Leute füttern, die ungeladen vor ihrer Tür steht, obwohl sie nur Senf und Backpulver im Kühlschrank haben. Ich rede von euch, ihr Stiere, Jungfrauen und Steinböcke.

Bei den **Luft**zeichen dreht sich alles um Kommunikation und Logik. Das muss auch so sein, wenn man bedenkt, dass die Luft in der Gestalt des Atems Ideen transportiert und so die körperlose Kraft der Ideen von einem Menschen zum anderen trägt. Luftzeichen haben Freude daran zu kommunizieren, Kontakte zu knüpfen und die Bedeutung der Dinge zu ergründen. Die Luftzeichen sind Zwillinge, Waage und Wassermann.

**Feuer**zeichen sind handlungsorientiert. Sie lernen, indem sie etwas tun, sie sind energiegeladen, begeisterungsfähig, spontan und haben nichts gegen Konflikte oder Aufmerksamkeit. Sie sind für ihre Spontaneität und ihre Fähigkeit bekannt, etwas zu verändern. Sie sind der schöpferische Funke und leben ganz im Augenblick. Widder, Löwe und Schütze sind die Feuerzeichen.

Die **Wasser**zeichen betrachten die Dinge meist durch die persönliche, emotionale und kreative Brille. Triebfeder ihres Handelns ist das Streben nach emotionaler Zufriedenheit. Wie das Wasser sind sie tiefgründig und reflektiv. Sie haben ein Gespür für die Schwingungen in ihrer Umgebung. Die Wasserzeichen sind Krebs, Skorpion und Fische.

# Polarität

Ich möchte mit meiner Charakterisierung dieser Polaritäten nicht dazu beitragen, einen Haufen merkwürdigen geschlechtsspezifischen Schwachsinns zu verbreiten. Deshalb habe ich mich für die Begriffe »projektiv« und »rezeptiv« entschieden. Du solltest allerdings wissen, dass sie auch mit anderen Worten beschrieben werden: männlich und weiblich, positiv und negativ, aktiv und passiv. Ich sehe die Sache so: Der Widder (+) will, was er will, während der Stier (-) behalten möchte, was er besitzt. Die Zwillinge (+) suchen aktiv Kontakt, während der Krebs (-) diese Verbundenheit zu Hause verortet. Der Löwe (+) wünscht sich Glamour und Aufmerksamkeit, die Jungfrau (-) strebt nach Einfachheit und Ordnung. Die Waage (+) reißt sich ein Bein aus, um im Gleichgewicht zu bleiben, während Reibung den Skorpion (-) nicht stört und Schieflagen für ihn dazugehören. Der Schütze (+) ist herzlich und gesellig, der Steinbock (-) auf Regeln bedacht und fleißig. Während der Wassermann (+) sich stellt, weichen die Fische (-) aus. Dieses System wechselseitig ausgeglichener Energien liegt weiten Teilen der magischen Logik und – das ist kein Zufall – weiten Teilen der höheren Physik zugrunde.

# Qualitäten

Die Qualitäten stehen für den Modus Operandi der Zeichen. Sie werden in drei Gruppen eingeteilt:

**Kardinale** Zeichen sind Widder, Krebs, Waage, Steinbock.
**Fixe** Zeichen sind Wassermann, Löwe, Skorpion, Stier.
**Bewegliche** Zeichen sind Zwillinge, Jungfrau, Schütze, Fische.

· · · · · · · ·

Da die Bedeutung der Qualitäten nicht auf der Hand liegt, wollen wir uns hier genauer damit beschäftigen.

Die **kardinalen Zeichen** bilden den Auftakt zur jeweiligen Jahreszeit: Mit dem Widder beginnt der Frühling, mit dem Krebs der Sommer, mit der Waage der Herbst und mit dem Steinbock der Winter. Sie sind die geborenen Anführer, Helden und Impulsgeber. Für gewöhnlich sagen die kardinalen Zeichen den anderen, wo's langgeht, und drängen sie in eine bestimmte Richtung. Kardinale Zeichen haben ein Ziel und einen Plan.

**Fixe Zeichen** haben feste Gewohnheiten. Sie ändern sich nicht einmal dann, wenn andere sie zu beeinflussen versuchen – ganz gleich, was geschieht. Normalerweise passen nicht sie sich an andere an, sondern umgekehrt. Wenn du Pläne mit jemandem machst, der in einem fixen Zeichen geboren ist, solltest du deinen Teil der Abmachung unbedingt erfüllen. Du musst in die Nische passen, die er oder sie für dich geschaffen hat.

Beweglich bedeutet veränderlich, anpassungsfähig. **Bewegliche Zeichen** passen sich an andere Menschen und an ihre Umwelt an. Dass du Verabredungen mit Leuten triffst, die in einem beweglichen Zeichen geboren sind, merkst du daran, dass sie nie so recht wissen, dass sie ungebunden und ständig unterwegs sind. Sie können es so einrichten, wie es dir passt – wirklich! Flexibilität ist die Parole.

| ZEICHEN | SYMBOL | DATEN | PLANET(EN) |
|---|---|---|---|
| WIDDER | ♈ | 21.3.–21.4. | ♂ Mars |
| STIER | ♉ | 21.4.–21.5. | ♀ Venus |
| ZWILLINGE | ♊ | 21.5.–21.6. | ☿ Merkur |
| KREBS | ♋ | 21.6.–21.7. | ☽ Mond |
| LÖWE | ♌ | 21.7.–21.8. | ☉ Sonne |
| JUNGFRAU | ♍ | 21.8.–21.9. | ☿ Merkur |
| WAAGE | ♎ | 21.9.–21.10. | ♀ Venus |
| SKORPION | ♏ | 21.10.–21.11 | ♂ Mars/Pluto |
| SCHÜTZE | ♐ | 21.11.–21.12. | ♃ Jupiter |
| STEINBOCK | ♑ | 21.12.–21.1. | ♄ Saturn |
| WASSERMANN | ♒ | 21.1.–21.2. | ♄/♅ Saturn/ Uranus |
| FISCHE | ♓ | 21.2.–21.3 | ♃/♆ Jupiter/ Neptun |

Da nun alle Zeichen und Planeten geklärt sind, können wir einen Blick auf unsere Geburtshoroskope werfen!

| POLARITÄT, QUALITÄT | ELEMENT | MOTTO | KÖRPER-TEILE |
|---|---|---|---|
| Projektiv, kardinal | Feuer | Ich bin | Kopf/Stirn |
| Rezeptiv, fix | Erde | Ich habe | Mund/Hals |
| Neutral, beweglich | Luft | Ich denke | Arme, Lunge |
| Rezeptiv, kardinal | Wasser | Ich fühle | Brust/Brüste |
| Projektiv, fix | Feuer | Ich will | Solarplexus |
| Rezeptiv, beweglich | Erde | Ich analysiere | Verdauungssystem |
| Projektiv, kardinal | Luft | Ich gleiche aus | Unterer Rücken/ Hüften |
| Rezeptiv, fix | Wasser | Ich erschaffe | Sexualorgane |
| Projektiv, beweglich | Feuer | Ich nehme wahr | Leber/Gesäß |
| Rezeptiv, kardinal | Erde | Ich nutze | Knochen, Zähne, Wirbelsäule |
| Projektiv, fix | Luft | Ich weiß | Schienbeine/ Fußgelenke |
| Rezeptiv, beweglich | Wasser | Ich glaube | Füße |

# Geburtshoroskop

Das Geburtshoroskop ist ein Schnappschuss des Himmels zu der Zeit und an dem Ort, an dem ein Mensch geboren ist. Legt man den Tierkreis über die kreisförmige Himmelskarte zum Zeitpunkt der Geburt, kann man verschiedene Aspekte und Muster, die in der oder dem Betreffenden zum Ausdruck kommen, wie unter der Lupe studieren. Anfängern wie uns bringt es am meisten, die Position von Sonne, Mond und Aszendenten im Geburtshoroskop zu kennen.

Dein *Sonnenzeichen* dürfte dir inzwischen bekannt sein (das ist das Zeichen, das die Sonne zum Zeitpunkt deiner Geburt durchlaufen hat). Falls du dir nicht sicher bist, kannst du in der Tabelle nach deinem Geburtstag suchen. Das Sonnenzeichen gibt Hinweise darauf, wie du tickst und was dich motiviert. Ich zum Beispiel bin im Zeichen der Fische geboren (21. Februar–21. März, »Ich glaube«), und da sitze ich und schreibe ein Buch über Spiritualität und Mystik. Wie bei Fischen nicht anders zu erwarten, bin ich emotional und empfindsam; es kann auch vorkommen, dass ich empfindlich bin. Ich bin verträumt und würde am liebsten jede wache Stunde in der Badewanne verbringen, wenn mir regelmäßig jemand etwas zum Essen brächte und aufpasste, dass ich nicht einnicke. Nicht alle Fische-Menschen glauben das Gleiche oder verhalten sich gleich oder machen wegen ihrer »fischigen« Neigungen die gleiche Arbeit. Die astrologischen Theorien haben dennoch Bestand, denn am Ende kommen sie zum richtigen Ergebnis.

Dein *Aszendent* ist das Sternbild, das im Augenblick deiner Geburt am östlichen Horizont aufging. Es ist die Energie deiner nach außen projizierten Persönlichkeit. Mein Aszendent ist Löwe, und anders als von den Menschen meines nebulösen und vom Element Wasser geprägten Sonnenzeichens haben Men-

schen mit diesem Aszendenten meist eine extrovertierte, selbst-
darstellerische, selbstbewusste Schwingung. Sie vermitteln den
Eindruck, dass sie den Abend lieber vor Publikum als futternd in
der Badewanne verbringen würden wie ein Fische-Mensch. Kat-
zengleich sehnen sie sich nach Bewunderung – allerdings ausschließlich nach Bewunderung der rechten Art und zur rechten
Zeit. Sie stellen hohe Ansprüche. Das Zeichen Löwe ist strahlend,
warmherzig und attraktiv wie ihr Herrscher, die Sonne.

Dein *Mondzeichen* ist das Sternbild, in dem sich der Mond
zum Zeitpunkt deiner Geburt befand, und gibt Hinweise darauf,
wie du zu dir selbst stehst. Dieses Zeichen steht für die Art von
Energie, die du nach innen richtest. Eine sehr tiefsinnige Angelegenheit! Ich arbeite noch daran, mein Mondzeichen zu verstehen.
Ich bin hin- und hergerissen. Manchmal denke ich: super, Zwillinge! Denn der Herrscher des Zeichens ist Merkur, und dieser Planet ist für alle Lebensbereiche zuständig, die ich faszinierend finde: Kommunikation, Ideen, Beziehungen zwischen Menschen,
Dichtkunst, Magie, den Funken der Genialität. Und dann denke
ich wieder: igitt, Zwillinge! Ich rede zu viel, und wenn ich mal den
Mund halte, ähnelt sogar mein innerer Monolog eher einem Dia-
log. Ich neige dazu, mir auf eine langatmige, weitschweifige und
ein wenig verrückte Art und Weise zu viele Gedanken zu machen.

Wenn dir also in Zukunft jemand erzählt, er sei »Fisch, Aszendent Löwe, Mond in den Zwillingen«, kannst du einige Dinge mit
Sicherheit sagen: (a) Er oder sie weint viel, (b) tanzt gern singend
und in Unterwäsche durch die Wohnung (was ihn oder sie noch
lange nicht zu Madonna macht und niemals machen wird) und
hat (c) rausbekommen, wie man im Internet Geburtstag, -zeit
und -ort eingeben kann und in zwei Sekunden ein gratis Geburtshoroskop bekommt. Das ist ganz einfach. Es gibt massenhaft In-
ternetseiten, die diesen Service anbieten. Aber Internetadressen

· · · · · · · ·

sehen in Büchern billig aus. Am besten, du machst dich gleich auf die Suche und erledigst die Sache sofort. Wir warten auf dich.

Neben Sonne und Mond finden auch alle anderen bereits besprochenen Planeten ihren Platz in deinem Geburtshoroskop – je nachdem, wo sie sich zum Zeitpunkt und am Ort deiner Geburt befanden. Als ich auf die Welt kam, standen sowohl Venus als auch Mars im Sternbild Fische, Merkur durchlief das Sternbild Wassermann und so weiter. Wenn du dein Horoskop erstellen lässt, bekommst du eine Liste der Planetenstellungen. Sie werden auch in dem kreisförmigen Geburtshoroskop eingezeichnet, das häufig aussieht wie ein im Dunkeln gebastelter Traumfänger.

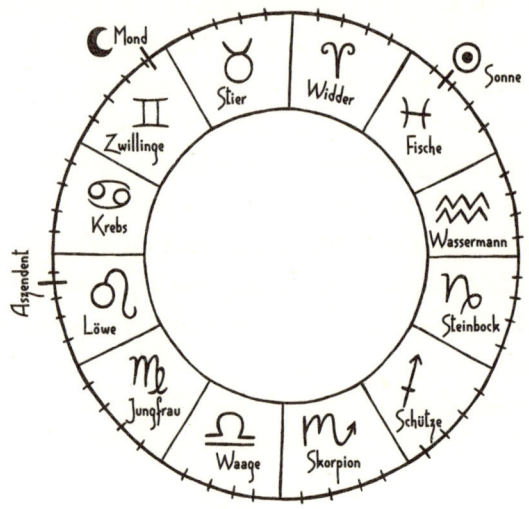

Die Planeten werden am Rand des kreisförmigen Horoskops eingezeichnet. Verbindungslinien veranschaulichen, in welchen geometrischen Winkeln sie zueinander stehen. Für diese Beziehungen, die einem Faden- oder Hexenspiel ähneln, gibt es so großartige Bezeichnungen wie Quinkunx. Um zu wissen, was sich dahinter verbirgt, muss man allerdings fortgeschritten sein. Ich bin nicht fortgeschritten, und vermutlich bist auch du es nicht, sonst dürftest du inzwischen ziemlich frustriert von mir sein.

Also gut! Wir wissen jetzt, dass es zwölf Tierkreiszeichen gibt und dass sie für die Bezeichnungen stehen, welche die Menschen bestimmten Sternbildern am Himmel gaben. Wir kennen die Symbole und wissen: In der Astrologie dreht sich alles darum, dass (ungefähr) elf Planeten und Lichter von unserer Position auf der Erde betrachtet durch die Sternbilder wandern und diese Planetenbewegungen jeden Menschen auf andere, aber nicht weniger schlüssige Weise beeinflussen. Wir sind nun mit einigen der Begriffe, Symbole und Systeme vertraut, die in deinem (Geburts-)Horoskop am Werk sind. Und vielleicht fällt dir auf, dass wir im Grunde immer noch nicht wissen, wie wir unser Horoskop »deuten« sollen. Radikale Astrologinnen und Astrologen wie Chani Nicholas wissen so viel über die Planeten und Zeichen, dass sie sich einen Reim auf ihre Bewegungen machen und diejenigen unter uns beraten können, die weder über ihre Gabe noch über ihre Fähigkeiten verfügen. Ich kann nicht oft genug betonen, dass ich keine Astrologin bin. Ich spiele nur den Anheizer, damit dich die Astrologin, die zu dir passt, später umso tiefer beeindrucken kann. Aber das waren auch so schon eine Menge Informationen. Es war *das ganze verdammte Sonnensystem*. Vielen Dank fürs Mitmachen.

## Lektüreempfehlung

Woolfolk, Joanna Martine: *The Only Astrology Book You'll Ever Need*, Lanham, MD: Taylor Trade 2013.
Roscher, Michael: *Das Astrologiebuch. Berechnung, Deutung, Prognose*, Tübingen: Chiron Verlag 2004. (Anm. d. Ü.)
https://chaninicholas.com

· · · · · · · ·

# Und zum Schluss

Ich war 35 Jahre alt, mein Kopf zu zwei Dritteln kahl und ich konnte meine BHs immer noch nicht finden. Ich war Autorin und Mutter, oder mit anderen Worten: Ich war arbeitslos und pleite. Noch schlimmer war, dass ich fürchtete, nicht mehr vermittelbar zu sein. Wer stellt schon eine Redakteurin, Hexe und Dichterin ein, die – wenn sie ehrlich ist – morgens nur ungern wach ist und sich mit anderen auseinandersetzt? Ich wusste es nicht. Aber ich hatte einen Zauber am Laufen, den ich »Gute Arbeit« genannt hatte. Es war nicht mehr als eine Sigille, gebildet aus diesen beiden Wörtern. Ich weiß nicht mehr genau, wie sie aussah, weil ich sie losgelassen und beschlossen habe, sie zu vergessen. Doch schon bald ertappte ich mich dabei, wie ich erneut über die Schwelle von Enchantments trat. Noch bevor ich fragen konnte, ob sie Hilfe bräuchten, erkundigte sich Stacy, die Oberhexe vom Dienst – gesegnet sei ihr roter Schopf –, ob ich nicht wieder im Laden arbeiten könne. Nur einen oder zwei Tage die Woche; nur, damit ich mal aus dem Haus kam, und um zu sehen, was passieren würde. Ich wusste nicht, wie mir eine sehr geringfügige Teilzeitbeschäftigung im Einzelhandel helfen sollte, meine schriftstellerischen Ambitionen zu verwirklichen. Aber es fühlte sich richtig an, und meine Tätigkeit inspirierte mich zu diesem Buch, das du soeben gelesen hast.

Diese Erfahrung machte mir eines klar: Wenn du daran glaubst, dass deine Gedanken, deine Energie und dein Handeln genügen, dass du selbst genügst, um dein Leben zu ändern, passiert etwas Magisches.

Ich hoffe sehr, dass du mit meinen Anregungen deinen Alltag verzaubern wirst. Vielleicht wählst du die Farben deiner Kleidung so, dass sie dir helfen, dich auf deinen Vorsatz für den bevorstehenden Tag zu konzentrieren – was auch immer du dir vorgenommen hast. Vielleicht hüllst du dich in einen Duft, der alle Menschen, die ihn wahrnehmen, in eine bestimmte Schwingung versetzt. Vielleicht nimmst du dir auf dem Weg zur Arbeit eine Minute Zeit, um dir vorzustellen, dass du im behaglichen Frieden deiner ganz persönlichen Schutzhülle ruhst. Oder du verzierst deine Notizen beim Lernen am Rand mit Sigillen, die dich stark machen. Wenn ich meine Ziele in Rituale verpacke, hilft mir das, meine beste und erhabenste Seite zu verwirklichen. Lass zu, dass dein eigener Geist von dir Besitz ergreift. Ich weiß nicht immer, was ich tue (ganz und gar nicht!). Aber ich glaube fest daran, dass mein Geist es weiß. So bin ich den ganzen Tag über auf Magie eingestellt und vertraue darauf, dass mein besseres, höheres Selbst sie erkennt, wenn die Magie meines Weges kommt – ob in Gestalt eines Doppelregenbogens oder eines zufällig aufgeschnappten Gesprächsfetzens, der Antwort auf die Frage gibt, die mir durch den Kopf schwirrt.

Die Magie ist dort draußen und wartet nur darauf, gefunden zu werden. Sie wartet auch in dir.

· · · · · · · ·

## Dank

Meiner Familie gebührt Lob und Dank: Meinem geliebten Noah, der sich in dieser verrückten Zeit um mich gekümmert hat und der – wem zum Teufel will ich hier etwas vormachen? – mir auch sonst in allen Dingen zur Seite steht. Und unserem Sal, dem magischsten Wesen überhaupt. Ich danke Donna und Gary Spalter, den liebevollsten Menschen der Welt. Ich danke Ian, Zakia, Siena, Bobalouie, Natasha, Art und allen Spaltinis. Ich danke Julia Masnik für den schmerz- und nahtlosen Übergang von der Freundin, die auch als Agentin tätig ist, zur Agentin, die auch Freundin ist. Caitlin Mackenna: Ich danke dir für deine Geduld und deine Begeisterung. Es war ein Riesenglück, dass mein Buch und ich dich gefunden haben. Dein Können, dein Zuspruch und deine freundliche Aufmerksamkeit eröffneten mir mehr Möglichkeiten, als ich mir je erhofft hatte. Caroline Paquita: Danke für deine enorme Energie, dein Talent, deinen gesunden Menschenverstand und dafür, dass du mir auf diesem Weg eine verlässliche Stütze und eine Gefährtin warst. Stacy Rapp: Ich danke dir dafür, dass du einer Hexe in Not geholfen und mich zurück in den Schoß von Enchantments geholt hast. Ich danke dir auch für die großzügige und bereitwillige Unterstützung meines Projekts und für dein Vertrauen, dass ich auch *dein Projekt* ins rechte Licht rücken werde. Mistress Nette: Ich danke dir für unzählige Jahre der Freundschaft und buchstäblich die Hälfte aller Informationen in diesem Buch. David Scoroposki: Ich danke dir dafür, dass du so viel von deinem Wissen und deiner Erfahrung mit mir geteilt hast, als ob das keine große Sache wäre – obwohl es das ist. Katy, Justin und Coleman: Ich danke euch für die Erinnerung daran, dass es ein Riesengeschenk ist, wenn man sich im Kreis von Freunden nach Herzenslust in einer Apotheke austoben darf. Michelle, Carmen, Pia, Ana, Veronica, Jaclyn, Cat und alle anderen ehemaligen Enchantments-Hexen: Ich danke euch für euren unverzichtbaren Beitrag, mit dem ihr diesen wunderbar seltsamen Ort noch wunderbarer gemacht habt.

Chris Jackson: Danke, dass du mich lehrst, das Buch in der Erfahrung zu finden. Du bist ein echter Freund und Kentaur. Colin Hagendorf: Dir danke ich für deine Unterstützung in Form deines unentbehrlichen Rats, der stets zur rechten Zeit kam. Ich liebe es, mit dir zu schreiben. Anna Dunn: Danke, dass du mir geholfen hast, einen Anfang zu machen. Ich danke Naomi Jackson, die mit ihrem Glauben und ihrer Unterstützung dafür gesorgt hat, dass es sich immer echt angefühlt hat, auch als es noch außer Reichweite war.